Martin Adler

AF289380

BINGE
LIVING

ÜBER DAS BUCH

Dieses Buch beschreibt die ganz persönliche Geschichte einer Binge-Eating-Störung, die durch Essanfälle mit Kontrollverlust und depressive Episoden geprägt ist. Es war kein einfacher Weg, diesen Text am Ende wirklich in die Öffentlichkeit zu bringen. Nachdem ich die erste Fassung recht spontan in wenigen Tagen entworfen hatte, zweifelte und zögerte ich, bekam heftige Ängste, was passieren könnte, oder Zweifel, ob es überhaupt jemanden interessiert. Ich legte das Projekt monatelang auf die Seite und machte trotzdem zwischendurch weiter. Immer wieder drängte sich die sehr faszinierende Idee nach vorne, radikal offen mit meinem Problem umzugehen. Bis ich dann wirklich so weit war, dieses Buch drucken zu lassen. Der ganze Prozess hat fast drei Jahre gedauert. Das mehrfache Zögern nahm dabei mehr Zeit in Anspruch als das Schreiben.

Die Beschreibungen der Essstörung und ihrer Folgen sind durch Liedtexte und Buchauszüge angereichert, die meine Gefühlswelt treffend abbilden, vielleicht aber nicht unbedingt jede Person gleichermaßen berühren wie mich. Musik war und ist für mich ein wichtiges Mittel, um intensive Momente zu spüren. Und die Löwengrube als Metapher hat mich so sehr berührt, dass ich sie zum Leitmotiv dieser Geschichte gemacht habe.

Durch die Arbeit an diesem Buch habe ich sehr viel über meine Essstörung noch deutlich besser verstanden und einige Aha-Erlebnisse gehabt: Die Verheißung eines intensiv fühlenden Lebens ist keine Lüge, sondern es liegt in unserer Hand, dieses Leben mit all seinen Facetten möglich zu machen.

Martin Adler

BINGE LIVING

Auf der Suche nach der Löwengrube - Leben als Mann mit Essstörung

Triggerwarnung
Menschen mit Essstörungen oder Depressionen könnten die Beschreibungen im Buch belastend finden. Geht bitte sorgsam mit euch selbst um und sucht euch Hilfe, falls das Lesen eigene seelische Wunden aufreißt.

Bibliografische Information der Deutschen Nationalbibliothek: Die Deutsche Nationalbibliothek verzeichnet diese Publikation in der Deutschen Nationalbibliografie; detaillierte bibliografische Daten sind im Internet über dnb.dnb.de abrufbar.

© 2023 Martin Adler
Kontakt: Instagram ynitramz

Verlag: BoD · Books on Demand GmbH, In de Tarpen 42, 22848 Norderstedt, bod@bod.de
Druck: Libri Plureos GmbH, Friedensallee 273, 22763 Hamburg

ISBN: 978-3-7583-6505-8

Die Binge-Eating-Störung ist die häufigste der drei Ess-störungen. Etwa ein Drittel der Betroffenen sind Männer.

Circa ein Prozent der Männer sind von einer Binge-Eating-Störung betroffen. Das sind grob geschätzt 350.000 Männer in Deutschland.

Es gab unzählige Momente, an denen ein Schlussstrich dich von all dem befreit hätte. Du hast aber weiter durchgehalten, und dafür bin ich dir unendlich dankbar. Danke, dass ihr alle drei bei mir seid.

Juni 2023

„Ich habe mich nie wieder so lebendig gefühlt wie in dieser Nacht", sagte Jacob und reichte Tamir noch ein Bier.
„War das Leben so langweilig?"
„Nein. So viel ist passiert. Aber ich habe es nicht gespürt."

Jonathan Safran Foer, 2016, S. 472

INHALT

PROLOG

You're wandering all by yourself
across this arid land
dead trees in sea of sand

The Ocean, Triassic (2020)

D ieses Buch fing mit der Idee an, einfach mal was anders zu machen als bisher. Nach 23 Jahren mit der Essstörung einen radikal neuen Weg zu gehen. Versucht hatte ich diverse Therapien mit unterschiedlichen Ansätzen, Selbstdisziplin, Vereinbarungen mit meiner Lebenspartnerin, Strategien von Impulskontrolle bis Triggervermeidung und vor allem: viel Heimlichkeit.

Was, wenn ich mit dieser Störung an die *Öffentlichkeit* gehe? Ehrlich und direkt, als Mann mitten im Leben und beruflich wie privat erfolgreich, von einer Essstörung berichte. Von der kaum kontrollierbaren Lust auf Fastfood, Süßigkeiten oder Kuchen. Von Einsamkeit, Traurigkeit, finanziellen Problemen und heftigem Stress in Beziehungen. Von psychologischen Fakten und Abgründen hinter der Fassade eines ruhigen, geordneten Lebens. Von Freiheitsgefühlen, Gewissensbissen, Scham und Übergewicht und von der Kraft, die in jedem steckt, solche Dämonen in den Griff zu bekommen.

Das Bild von vollständig besiegten Dämonen gibt es allerdings nicht. Die kleinen Monster mit den fiesen Augen und spitzen

Zähnen liegen am Ende nicht tot auf einem Stapel. Nein, es wird immer ein Thema mit Essen geben. Die Dämonen sind nicht zu töten, aber sie können sehr viel kleiner werden, so dass sie vielleicht sogar ein akzeptierter Teil von mir selbst werden. Kleine penetrante Freunde mit freundlichen Augen, die auf mich aufpassen und mir sagen, wann es zu viel wird. Wann Grenzen sich nähern. Wann das Genießen zur Völlerei und danach zur Störung wird.

■■

Essen ist etwas, das wir alle tun müssen, um zu überleben. Das ich nicht einfach lassen kann, wie ein Alkoholiker mit viel Mühe und Einsatz es vielleicht schafft, abstinent zu leben. Essen umgibt mich, und das, seit ich auf der Welt bin, in immer größerer Vielfalt, zu immer mehr Tageszeiten und mit immer penetranterer Werbung. Es gehört dazu.

Als ich anfing mit meinen Essanfällen, musste ich in meinem Heimatort bis zu einem Burger King zwanzig Kilometer fahren. Heute gibt es ihn direkt am Ortsrand, neben McDonald's, Kentucky Fried Chicken und einem Tankstellenshop, der durchgängig geöffnet ist. Mit meinem Smartphone kann ich bis 23 Uhr sehr einfach eine Pizza bestellen, diese mit PayPal bezahlen und etwa dreißig Minuten später ist sie da. In der Stadt, in der ich lebe, gab es Ende der neunziger Jahre einen Burger King. Nun sind es… ich muss nachzählen: sechs, wenn man die Autobahnraststätte mitzählt.

Das hier ist meine ganz persönliche Geschichte vom Umgang mit einer Binge-Eating-Störung. 1994 wurde dieses Störungsbild zum ersten Mal in den DSM-IV aufgenommen. 1997 hatte ich meine ersten Essanfälle und konnte sie nicht einordnen. 2021 habe ich noch immer das Gefühl, dass kaum jemand über dieses Problem spricht und es einfach niemanden außer mir gibt, der an dieser Störung leidet, vor allem keine Männer. Binge Eating gilt aber als die am weitesten verbreitete der drei klassifizierten Essstörungen. Die Wissenschaftler sagen, dass 1-3% der Bevölkerung davon betroffen sind. Das wären 800.000 bis 2,4 Millionen Menschen in Deutschland. Bei Menschen in Gewichtsreduktionsprogrammen soll der Anteil bei 25% liegen und die Geschlechterverteilung insgesamt ausgeglichen sein, während bei den anderen beiden bekannten Essstörungen Anorexie und Bulimie der Frauenanteil wesentlich höher ist.

Es gibt sie also, die Menschen mit ähnlichen Problemen. Sie scheinen still und zurückgezogen zu sein. Das will ich nun nicht mehr sein. Der Hauptzweck dieses Buches ist im Moment, dass es einen Weg bietet, die Heimlichkeit aufzugeben, die in diesem Störungsbild tief verankert ist. Dass es ein Baustein in meinem Heilungsprozess ist. Zusätzlich besteht die Möglichkeit, dass es anderen Menschen mit ähnlichen Problemen hilft zu sehen, was ich erlebt habe und wie mein Umgang mit Essanfällen sich über die Zeit entwickelt hat.

In den letzten Tagen habe ich überlegt, wie ich meinen Kindern ein Mal mit diesem Thema gegenübertreten möchte, wenn sie etwas älter sind und eine Ahnung haben, was eine Essstörung ist. Ist es besser zu sagen: Da war mal etwas, aber das ist lang vorbei? Oder es ganz für mich zu behalten? Oder sie dieses Buch lesen zu lassen? Ich weiß es nicht. Ich weiß auch nicht, ob ich jemandem begegnen werde, der mich kennt und dieses Buch liest und dann ein Bild zusammenstürzt, das diese Person von mir hatte. Da ich mit vielen Menschen arbeite, fühle ich mich zumindest in meinen Netzwerken als öffentliche Person. In meiner Phantasie stehen dann all diese Leute vor mir, die mich aus verschiedenen Zusammenhängen kennen, von Nachbarn über Kolleginnen, Geschäftspartnern und Familienmitgliedern, und schauen mich vorwurfsvoll an oder, schlimmer noch, möchten nichts mehr mit mir zu tun haben (eher eine unrealistische Phantasie) oder wissen nicht mehr, wie sie mit mir umgehen sollen (schon realistischer). Diese Gefahr ist der Preis der radikalen Offenheit.

Übrigens kenne ich die Situation, auf der anderen Seite zu stehen. Etwas über jemanden zu wissen - ein Ereignis, eine Erkrankung, ein Schicksalsschlag, ein Geheimnis - und mich sehr unsicher zu fühlen, wie ich mit dieser Person umgehen soll. Tatsächlich bekomme ich sogar in letzter Zeit von immer mehr Menschen in meinem Umfeld mit, dass sie mit psychischen Belastungen zu kämpfen haben. Wäre es nicht total befreiend, wenn wir alle offener damit umgehen würden?

Ich kann von dieser Seite, von der Seite der Krankheit und des Patienten sagen: Ich möchte in meinen Netzwerken genauso weiterbehandelt werden wie bisher. Interessiertes Nachfragen ist erlaubt und sogar angenehm, mit Samthandschuhen angefasst und als „Kranker" behandelt zu werden nicht. Frag mich einfach nach einer Essstörung so, als würdest du mich nach einem neuen Musikalbums oder einem Kochrezept fragen. Als wäre sie Teil des Lebens, Teil der Normalität und keine große Sache. Du musst mich auch nicht vor Essen schützen oder vor Situationen, die mit Essen zu tun haben. Behandle mich einfach wie einen ganz normalen Menschen.

I can't help it baby, this is who I am
I'm sorry I can't just go turn off how I feel

Jimmy Eat World, Kill (2004)

KAPITEL 1

DIE SYMPTOME

Mein Lieblingsburger, unwiderstehliche Gedanken und Gefühlsabstumpfung

Vor einiger Zeit war Burger King so frech, den vegetarischen Burger umzubenennen. Zum Glück blieb die Zusammensetzung gleich, denn das war mein absoluter Favorit.

Ich ernähre mich seit 2000 vegetarisch. In den paar Jahren davor gab es auch Essanfälle mit Big Mac oder Bockwürsten, seitdem aber bleibe ich dem Country Burger treu. Wenn die Essanfälle kommen, ist Fastfood das Allergrößte. Ich habe mich mal gefragt, wie viele Country-Burger-Menüs ich schon in meinem Leben gegessen habe. Gestern habe ich entdeckt, dass ich bei meinem Girokonto nach Suchbegriffen eingrenzen kann. Ich war von Januar bis März neunzehn Mal bei Burger King.

Klingt gar nicht so viel? Es kommen natürlich noch andere Essanfälle mit Süßigkeiten oder Pizza dazu. So läuft es in etwa ab: Die Lust auf Essen entsteht, es erscheint mir total attraktiv mich vollzufressen. Meistens ist eine innere Leere und Ideenlosigkeit dabei: Was könnte ich stattdessen machen? Keine Ahnung… langweilig! Dann mache ich mich in der Regel auf den Weg zu einem Fastfoodrestaurant oder Geschäft und besorge mir Essen in großen Mengen. Ganz selten müssen die Vorräte zu Hause herhalten, wie das bei anderen Patienten passiert (habe ich gehört…), die Kühlschrank oder Vorratsschrank leer essen. Ich bin

Genießer und brauche ganz bestimmte Produkte. Wahllos war es bei mir nie.

Manchmal entsteht vor dem Losfahren ein genauer Plan, was ich wo kaufe.

Das Essen wird sehr schnell gegessen, so lang, bis mein Bauch so voll ist, dass er weh tut. Wie viel passt rein? Zum Beispiel eine bis zwei Tüten Gummibärchen plus eine Tafel Schokolade plus Eis plus eine halbe Tüte Chips. Oder zwei große Burgermenüs oder ein Burgermenü und eine große Pizza. Oder ein ganzer Becher Ben & Jerry's oder ein Fünferpack Schokoriegel plus Gummibärchen.

Im Moment des Essanfalls macht es riesigen Spaß, wenn die Bauchschmerzen beginnen nicht mehr. Früher kam danach ein großes Schamgefühl, das ist schwächer geworden und bewegt sich nun eher zwischen abgestumpft und enttäuscht oder verärgert über mich selbst.

Dreißig Minuten nach dem Essanfall kommt meistens eine große Müdigkeit, der ich am besten nachgeben kann, wenn ich alleine bin.

Wenn ich nicht alleine bin, kann ein großer Essensdruck entstehen, dem ich dann nicht nachgeben kann. Denn das allerwichtigste ist, dass niemand etwas davon mitbekommt oder mich dabei erwischt, was auch noch nie passiert ist. Nur Reste wie Müll oder Essensgeruch wurden schon entdeckt und dann gab es meistens Stress mit der Person. Richtig geraten, es war meine Freundin, denn ansonsten weiß kaum jemand in meinem Umfeld von diesem Problem. Ein guter Freund, meine Schwestern kennen vage Andeutungen - das war's.

In Therapien schaut man gerne auf die Auslöser für die Essanfälle. Welche Gefühle oder Gedanken waren da und was ist dann genau passiert? Ich kenne diese Auslöser:

- Gelegenheiten

- Langeweile

- diffuse Traurigkeitsgefühle

- Trigger

- Essen als Auslöser für Essanfälle

- Stress

- es „noch ein Mal" tun zu wollen

Ja, tatsächlich kommt der Drang zu Essen manchmal wie aus heiterem Himmel, einfach nur weil die **Gelegenheit** da ist. Weil ich mal alleine zu Hause bin, weil ich eine Pause habe, weil ein Termin ausgefallen ist. Der Freiraum will genutzt werden, so als würde mir mein Leben sagen: Wenn du es jetzt nicht tust, wird es nie wieder möglich sein! Ähnlich verhält es sich mit der **Langeweile**: Was soll ich denn sonst an einem freien Abend machen? Mir fällt einfach nichts anderes ein, keine angenehme Tätigkeit, dann bleibt nur der Essanfall. Auf der **Gefühlsebene** gibt es auch manchmal Auslöser, aber wenn die Gefühle wirklich stark und intensiv werden, geht der Drang zu essen zurück.

In der Zeit von Krisen in meinen Beziehungen, als auch Trennung im Raum stand, war es plötzlich nicht mehr wichtig zu essen. Es ist eher so, dass das Essen Gefühle klein macht und unterdrückt, abstumpft und eine „Alles-egal"-Einstellung hervorbringt. Wenn die Gefühle vorher schon stark sind, dann ist der

Drang zu essen kaum da. Ich verspüre generell eine große Sehnsucht nach intensiven Gefühlen und Erlebnissen. Wenn es mir gelingt, diese im Alltag herzustellen, brauche ich eigentlich keine Essanfälle mehr.

Trigger sind einer der übelsten Auslöser für Essanfälle. Logos oder Werbung meiner Lieblings-Fastfoodläden. Geschäfte, in denen ich vorher schon öfter Essensberge gekauft habe, die eine angenehme Erinnerung auslösen oder vorgaukeln, bestimmte Regale im Supermarkt, bestimmte Situationen - es gibt endlos viele Trigger.

Essen selbst ist auch ein großer Punkt. Immer dann, wenn ich mal zu viel oder zu ungesund oder auch nur zu schnell gegessen habe, ist es, als ob ein Damm bricht und ab jetzt sowieso alles egal ist.

Essanfälle bauen sehr gut **Stress** ab. Schön wäre natürlich, etwas anderes zu finden, was diesen Effekt hat. Stress belastet und nervt, die Anspannung und der innere Druck sind groß und da kann es wie eine Befreiung sein, mir das Burgermenü reinzustopfen.

Und dann ist da noch die größte Lüge vor mir selbst: Heute ist das letzte Mal! Und weil es so viel Spaß macht, muss ich es **noch ein Mal** tun und danach lasse ich es ganz bestimmt.

Leider ist es so: Je häufiger die Essanfälle passieren, desto leichter kommt der nächste. Es geschieht dann einfach, mindestens täglich. Wenn es etwa zwei bis drei Wochen gar keine Essanfälle gab, sinkt der Drang ganz stark und es wird weniger wichtig bis zu dem Punkt, wo es absurd oder eklig erscheint, sich vollzufressen.

Mir fällt da immer gerne ein Beispiel ein aus der Zeit im Krankenhaus nach einer Operation an der Gallenblase. Ich hatte noch Schmerzen, die Operation war nicht lange her. Vorher war ich wegen der Untersuchungen mehrere Tage nüchtern und habe natürlich auch danach noch sehr zurückhaltend gegessen. Nach einem kurzen Spaziergang ging vor mir ein Pizzabote mit einem Stapel Pizzakartons für eine Lieferung durch die Drehtür ins Krankenhaus. Der Pizzageruch stieß mich extrem ab und die Idee, jetzt so ein fettiges, stinkendes Essen zu essen, war unvorstellbar. Zu anderen Zeiten hatte ich genau auf dieses Essen eine Lust, die kaum auszuhalten war.

Seit etwa acht bis zehn Jahren nehme ich durch die Essanfälle zu. Vorher war das nicht so, es gab ausreichend lange Phasen ohne Essanfälle oder auch insgesamt einen besseren Ausgleich durch Bewegung, das ist zumindest meine Vermutung. In der Zeit, als ich mein Gewicht bei etwa siebzig bis fünfundsiebzig Kilogramm halten konnte, das war während des Studiums, war mein Problem besser zu verstecken. Niemand konnte sich so richtig vorstellen, dass ich eine Essstörung habe. Es ist auch schräg, denn es bekommt ja keiner mit, es passiert ausschließlich im Verborgenen. Dies ist der wichtigste Teil dieser Störung - niemand darf es mitbekommen, weil es extrem peinlich ist. Wenn ich einer neuen Freundin davon erzählte, war mein Eindruck erst immer, dass sie mir nicht glaubt. Oder es sich nicht so richtig vorstellen kann.

Natürlich fragt auch jetzt kaum jemand, warum ich dick bin.

■■

Ich kenne keinen anderen Menschen mit dieser Störung persönlich. Daher kann ich die Art, wie es bei mir abläuft, nicht vergleichen. Bei mir war es immer so, dass es bestimmte Lieblingslebensmittel gab. Fastfood steht ganz vorne. Süßigkeiten und Kuchen oder Eis sind je nach Stimmung nötig oder hinterher, als zweiter Gang ein bis zwei Stunden nach dem Essanfall. Es gibt ein Repertoire, das sich immer abwechselt. Gesunde Sachen gehören definitiv nicht dazu. Wenn gar nichts von diesen Sachen im Haus ist, suche ich mir eher eine Möglichkeit loszufahren, als wahllos was aus den Vorräten zu essen.

Auf der anderen Seite war es immer gut, nicht zu viel Süßigkeiten und Chips im Haus zu lagern, um nicht in Versuchung zu kommen.

Ich bin über die Jahre extrem gut darin geworden, die Gelegenheiten und Zeitfenster zu finden, so dass meine Essanfälle nicht auffallen. Natürlich ist es immer mal wieder passiert, dass Überreste entdeckt wurden. Mittlerweile bin ich sorgfältiger geworden in der Entsorgung von Müll oder Gerüchen.

Wenn mal was entdeckt wurde, kam es bis zur Beziehungskrise. Die Krankheit belastet eine Partnerschaft extrem und ist nur zu ertragen, wenn man sie ausblendet. Mein Übergewicht lässt sich nicht ausblenden. Auch wenn alles heimlich passiert, ist es relativ eindeutig: Werde ich dicker, ist es schlimmer. Gehen die Essanfälle zurück, nehme ich automatisch ab. Halte ich mein Gewicht heißt es, dass sie ab und zu oder in reduzierter Form (nicht ganz so exzessiv wie üblich) noch da sind.

Eigentlich müsste meine Partnerin wissen, wann ich noch mittendrin stecke, weil es körperlich sichtbar ist. Nahe Angehörige sind co-abhängig und können sich abrackern bis zur Erschöpfung: Helfen kann ich mir nur selbst.

**For a change I'll refrain
from hiding all of me from you**

AFI, The Interview (2006)

KAPITEL 2

DIE ANFÄNGE

Sinnsuche, Orientierung und Einsamkeit

Ich versuche so etwas wie „das erste Mal" in meiner Erinnerung zu speichern, bin aber unsicher, ob die Erinnerung richtig ist. Was ich noch weiß, sind drei Situationen und darüber hinaus eher eine Stimmung aus der Zeit, als ich 21 war und ein neues Leben vor der Tür stand. Ich muss aber erst ein paar Jahre zurückgehen.

Ich hatte eine zufriedene Kindheit und war gut versorgt, im Nachhinein betrachtet aber emotional unterversorgt. Meine Eltern konnten mir nicht mehr emotionale Zuwendung geben, sie haben ihr Bestes versucht. Bei meiner Mutter beobachte ich eine gewisse Hilflosigkeit in den emotionalen Teilen der Erziehung, die sicher mit ihrer eigenen Lebensgeschichte zu tun hat. Mein Vater war ein klassisches Kriegskind: Viel abwesend durch viel Arbeit, so wie sein Vater als Kriegsgefangener abwesend gewesen war. Für die emotionalen Belange von Kindern fühlte er sich glaube ich nicht zuständig. Meine Mutter wurde in die klassische Hausfrauenrolle gedrängt, obwohl sie sicher eher Erfüllung in Bildung und Beruf hätte finden können.

Ich war als Kind ab dem Alter von etwa sechs bis acht Jahren übergewichtig. Neben der emotionalen Vernachlässigung gilt das in der Fachliteratur als ein Risikofaktor für Essstörungen. Meine ganze Kindheit habe ich damit gekämpft und es gab niemanden, der mir helfen konnte. Ebenso beim Beginnen sexueller

Wünsche als Jugendlicher. Ich war in dieser Zeit eher zurückgezogen, sehr gut in der Schule, aber hatte wenige Freunde. Enge Freundschaften gingen ab der fünften Klasse auseinander und ich schaffte es schlecht, irgendwo anzudocken oder hatte „zugewiesene" Freunde, die ich mir nicht selbst ausgesucht hatte.

Ich wurde mit Essen belohnt oder belohnte mich selbst mit Essen. Bei den Eltern meines Freundes, der mich so dringend brauchte, weil er sonst keinen hatte. Bei meiner Oma, mit üppigem Essen direkt vor der Turnstunde, zu der meine Mutter mich schickte und die ich furchtbar fand. Von heute aus betrachtet scheint mir Jugendturnen in den Achtzigern wie Leni-Riefenstahl-Filme - schwitzende Jungs in weißen Turnbodys und im Militärstil antreibende Männer. Nicht meine Welt, obwohl ich glaube, dass es in echt nicht annähernd so schlimm war. Und ich hatte einfach nicht die Stärke, zu sagen was ich will oder was ich nicht will.

Aber Vorsicht, zur richtigen Einordnung muss ich zufügen: Meine Eltern haben nach ihren Möglichkeiten zu ihrer Zeit in den 1980er Jahren ihr Bestmöglichstes getan. Sie waren schlicht nicht in der Lage, alle meine emotionalen Bedürfnisse und Unsicherheiten aufzufangen. Ich werfe ihnen das in keiner Weise vor und spüre keinen Groll, sondern eher Dankbarkeit. Weil es ganz viele Dinge gibt, mit denen ich absolut zufrieden bin, dass sie so gelaufen sind und ich zu dem geworden bin, der ich bin.

Meine ganze Jugend war geprägt nach der Suche, wer ich bin und wer ich sein will. Das ist sicher normal in dieser Phase, aber da weder Freunde noch meine Eltern mich darin auffangen konnten, war diese Suche besonders hart. Ich war sehr stark katholisch geprägt und wurde damals auch von konservativen, sektenartigen Tendenzen am Rand der Kirche angezogen. Ich suchte nach Gemeinschaft und Orientierung. Zehn Jahre Messdiener plus Leitung zeigten nach außen das Bild eines frommen, beliebten Jungen in der kleinen Gemeinde - vielleicht brav und angepasst?

In mir drin aber war es heftig am Brodeln und ich wollte mehr vom Leben.

Konnte das, was die konservativen Strömungen propagierten, wirklich richtig sein? Sex vor der Ehe ist unmoralisch. Liebe muss mit Fortpflanzung verbunden sein. Selbstbefriedigung und Oralsex sind undenkbar. Ich habe lange gebraucht, um mich davon zu lösen und damit ein wichtiges Stück meiner Identität als Jugendlicher hinter mir gelassen. Es gab also einen echten Bruch in meinem Leben, und da sollten noch zwei bis drei weitere folgen.

Nach meinem Abi hatte ich meine erste Freundin. Ich war mit achtzehn endlich schlank geworden, ohne bewusst viel dafür zu tun. Ich überhöhte die Beziehung sehr und sie hielt nur ein paar Monate, aber trotzdem war es, als würde ein Knoten durchgeschlagen. Ich war in der Lage, eine Beziehung zu einer Frau aufzubauen und auch erste sexuelle Versuche zu wagen. Es ging über die Bundeswehrzeit, ich glaube im Sommer kam die Trennung (ich wurde verlassen). Anschließend nahm ich eine mehrmonatige Aushilfsarbeit in einer Wäscherei an, deren Geschäftsführer ein Freund meiner Eltern war, um die Zeit bis zum Wintersemester meines geplanten Studiums zu überbrücken. Der Job war stumpf und eintönig. Mein erster Essanfall könnte es gewesen sein, als ich die Süßigkeiten, die ich den Kolleg:innen in der Wäscherei zum Abschied mitbrachte, zur Hälfte selbst auffutterte. Ich war zwanzig Jahre alt und fest entschlossen, von zu Hause wegzuziehen und den katholischen Kleinstadtmief hinter mir zu lassen.

Die Situation am Ende der Zeit in der Wäscherei hat Symbolcharakter, wie ein Brennglas der Erfahrungen, die später noch kommen würden. Die Arbeit dort unterforderte mich massiv. Und ich war in Inga verliebt, eine süße blonde Frau, die dort arbeitete. Wir trafen uns ein paar mal, aber mehr als Freundschaft wurde nicht daraus. Gute Gespräche, Zuneigung und Party, aber kein Sex. Einsamkeit und Enttäuschung verarbeitete ich, indem ich mich mit Süßigkeiten vollstopfte. Wie so oft noch später in meinem Leben. Vielleicht wurden in dieser Zeit die Weichen für die Essstörung gestellt.

Ich zog im Herbst nach Mainz und da wurde es krisenhaft. Es waren die falschen Freunde, das falsche Studium, die falsche Stadt, eine muffige Kellerwohnung. Immer noch kein Geschlechtsverkehr. In dieser Zeit verbinde ich meine Suche nach dem, was ich wirklich will, ganz stark mit Essattacken. Dabei hatte ich so viel Hoffnung darein gesetzt, endlich das katholisch-provinzielle Umfeld im Westerwald zu verlassen. Ich fühlte mich in die Enge getrieben. Die Stimmung war geprägt von Unsicherheit: Was will ich vom Leben? Von Zweifeln: Schaffe ich das? Und auch von Einsamkeit, obwohl ich viele Leute kennen lernte und Menschen mir signalisierten, mich zu mögen.

Lucia hing an mir wie eine Klette (in meiner Wahrnehmung). Dabei war sie damals nur auf der Suche nach einem Anker. Ich fühlte mich völlig bedrängt und dachte, sie wäre in mich verliebt. Ich thematisierte das auch - ein Fortschritt im Vergleich zu dem zurückhaltenden Jungen, der alles mit sich geschehen lässt.

Lucia hatte Probleme mit Essen. Ich bin mir heute nicht mehr sicher, ob es Bulimie oder Essanfälle waren. Vielleicht hätten wir Vertraute darin werden können. Von meinen Essanfällen wusste sie nichts. Mit ihr gab es einen Bruch, als ich eine Geschichte mit Sabine anfing. On-off sagt man heute dazu, also uneindeutig: Es war keine richtige Beziehung und auch diesmal emotional nicht so belastend für mich, als es endete.

Ich hatte Freunde in der Darmstädter Ecke gefunden, bei denen es viel Party mit Rock und Punkrock gab und viel Sex. Es war eine offene Clique, in der viel ausprobiert wurde. Dazu gehörte Sabine, und mit ihr gab es endlich richtigen Sex für mich. Sie war es auch, die mir dann in meiner größten Krise, als ich nicht mehr wusste, wie es mit dem Studium weitergehen sollte und mir alles sinnlos erschien, ein wenig Druck machte, mich an anderen Unis zu bewerben. Es war keine richtige Beziehung, aber irgendwie doch. Es gab eine Verbundenheit und ich bin ihr sehr dankbar für den Schubser.

Ich hatte mich von meinem alten Leben mit Kirche, Bravsein und nicht auffallen weit entfernt. Einmal färbte ich mir die Haare grün. Ich saß in meinem bedrückenden, dunklen Kellerzimmer in Mainz und wollte einfach mal was anders machen, anders sein, Grenzen überschreiten. Die grünen Haare sind heute noch eine gern erzählte Anekdote in meinem Heimatort. Anscheinend war es ein Schock für einige und ich glaube, manche Freunde meiner Eltern sind froh, dass ich heute wieder „bürgerlich" lebe. Wobei ich irgendwie auch heute hoffe, nicht zu bürgerlich zu leben, puh! Spießeralarm! Später kamen Piercings dazu, was auch einige Menschen in meiner alten Umgebung nicht ertragen konnten.

Offensichtlich aber war ich immer auf der Suche und innerlich in der Krise, wer ich sein will. Dazu gehörten auch Spielereien mit dem Äußeren. Aber emotional war etwas nicht verarbeitet, es fehlte Stabilität und Selbstvertrauen und an die Stelle dieser Unsicherheit trat das Essen. Nach dem Bruch mit der Kirche und dem Bruch mit meiner Heimatstadt kam nun der Bruch mit Mainz und den festgefahrenen Freundschaften.

In Münster lief es besser. Ich fand sehr schnell Anschluss, obwohl ich ganz alleine in diese Stadt ging und fast alles hinter mir ließ. Warum nur kam ich mehrfach in Lebenskrisen nur klar, indem ich für diese radikalen Brüche sorgte? Zu den Freunden aus Darmstadt blieb noch Kontakt, der nach und nach verblasste. Münster bot mir ein Studentenleben mit WG, sehr viel Party, Frauen und dann… Miriam. 1999 eine erste echte Beziehung, die zwei Jahre halten sollte. Das war für mich damals eine Ewigkeit.

Die Essanfälle waren da, mal mehr und mal weniger. Beziehungskrisen waren da und als Miriam sich 2001 entschied, nach

Spanien zu gehen, legte sich eine kalte Hand um mein Herz. Ich versuchte meine Angst, sie zu verlieren, damit zu kompensieren, dass ich mir ein Praktikum in Mexiko-City suchte. Das war zu krass für mich. Als Miriam am Telefon Zweifel äußerte - ich saß gerade am Beginn meines Praktikums in der riesigen Stadt und war noch nicht richtig angekommen - brach ich alles ab und floh Hals über Kopf, erst zu ihr nach Barcelona (unangekündigt) in dem Versuch, etwas zu klären, und dann nach Deutschland. Es war eine absolute Panikaktion und ein doppelter Bruch: mit dem Praktikum und dem gerade aufgebauten Leben in Mexiko, und mit Miriam - die Beziehung ging zu Ende.

Unmittelbar nach dieser sehr heftigen Erfahrung, verlassen zu werden und es kaum auszuhalten, mit meinen Gefühlen alleine im Ausland zu sein, gab es keine Essanfälle. Wie schon beschrieben: Wenn die Gefühle sehr intensiv sind, dann ist der Drang zu essen nicht mehr so groß.

Zu meinem Leben gehört die Suche nach diesen intensiven Gefühlen dazu - vielleicht ist es sogar ein Schlüssel.

Jonathan Safran Foer beschreibt in seinem Buch „Hier bin ich" eine Anekdote, die an die Geschichte von Daniel in der Löwengrube aus dem Alten Testament angelehnt ist. In der biblischen Geschichte geht es um Daniel, einen Vertrauten des König Darius, der durch eine Missgunst und eine List anderer Männer vom König in eine Löwengrube geworfen wird und durch absolutes Gottvertrauen überlebt.

In der Version aus dem Roman wird die Löwengrube als Metapher für das echte, intensive Fühlen verwendet, das dem Protagonisten abhanden gekommen ist. Er lebt als Washingtoner Hipster ein geordnetes, bürgerliches Leben, von Zweifeln geprägt. Sein halbherziger Ausbruch aus diesem Leben geschieht anhand von anstößigen Textnachrichten, die er mit einer Kollegin austauscht. Es kommt aber nie zu echtem Sex zwischen den beiden, dazu scheint ihm der Mut zu fehlen. Sein Cousin aus Israel dagegen lebt unkonventionell, wild und frei - so ist zumindest das Bild des Protagonisten von ihm. Als junge Männer steigen die beiden nachts in ein Löwengehege im Zoo ein. Der Nervenkitzel dabei und die Verrücktheit, so etwas zu tun - bis hin zu dem Moment, als sie ein Geräusch hören und über die Mauer abhauen - wird als Moment *echten Fühlens und echter Gefahr* beschrieben. Und das vor allem im Rückblick. Hier *ging es um etwas*, und die Metapher der Löwengrube wird dem später folgenden faden, wohl geordneten und eintönigen Alltagsleben eines erwachsenen Mannes entgegengesetzt. Diese ganze Episode habe ich vor mehreren Jahren gelesen, und sie hat sich so heftig eingeprägt: Genau um diese Löwengrube geht es in meinem Leben und bei meiner Essstörung.

„Dort, auf dem Boden, inmitten einer Pseudo-Savanne, inmitten der Hauptstadt der Nation, erfüllte ihn etwas so Wahres und Unbändiges, dass es ihn entweder retten oder zerstören musste.

Drei Jahre später sollte er einen Zungenkuss mit einem Mädchen tauschen, für das er, wenn sie das gewollt hätte, freudig beide Arme gegeben hätte. Im Jahr darauf sollte ein Airbag seine Hornhaut durchlöchern und ihm das Leben retten. Wiederum zwei Jahre später sollte er verblüfft einen Mund anstarren, der sich um seinen Penis geschlossen hatte. Und im Jahr darauf sollte er zu seinem Vater sagen, was er jahrelang über ihn gesagt hatte. Er sollte einen Haufen Hasch rauchen, mitansehen, wie seine Knie während eines dämlichen Tag-Football-Spiels nach vorn umknickten, in einer fremdem Stadt durch das Gemälde einer Frau mit Baby zu Tränen gerührt sein, einen Braunbären im Winterschlaf und ein vom Aussterben bedrohtes Schuppentier anfassen, eine Woche auf ein Untersuchungsergebnis warten, stumm für das Leben seiner Frau beten, die wie am Spieß schrie, während ihr Körper ein neues Leben hinauspresste - viele Momente, in denen sich das Leben gewaltig und kostbar anfühlte. Zusammengenommen stellten sie trotzdem nur einen winzigen Bruchteil seiner Zeit auf Erden dar: Fünf

Minuten pro Jahr? Welche Summe ergab sich? Ein Tag? Allerhöchstens? In vier Lebensjahrzehnten nur ein einziger Tag, an dem er sich lebendig gefühlt hatte?

Im Löwengehege hatte er das Gefühl, von seiner eigenen Existenz umringt und umhüllt zu sein. Er fühlte sich - vielleicht zum ersten Mal in seinem Leben - geborgen."

Jonathan Safran Foer, 2016, S. 470

Neben dem Regulieren von unangenehmen Gefühlen steht das Essen auch für Freiheit, Abwechslung und Ausbrechen aus dem Alltag. Für einen Kontrollverlust, der mich zur Löwengrube bringt.

Das Nacherzählen dieser Jahre anhand von Krisen und Brüchen ist natürlich nur die eine Seite der Wahrheit. Die Zeit meines Auszugs aus meinem Elternhaus, der unterschiedlichen Studienabschnitte und am Ende die Zeit in Münster sind auch die Phase meines Lebens, in der ich mich mehr und mehr selbst entdeckte. Stück für Stück wuchsen mein Selbstvertrauen und meine Identität, es gab viele inspirierende Freundschaften und eine Clique mit einem starken Zusammenhalt. Die Essstörung war immer dabei, in unterschiedlichen Phasen mehr, in anderen weniger.

Und heute, in der Lebensphase mit festem Job und Kindern, ist sie immer noch als Begleiter am Start. Eigentlich ist die Frage, wer ich bin und was ich will, zumindest grob beantwortet. Mein Selbstbild ist wesentlich stabiler als mit Anfang 20. Es gab viel Leben außerhalb der Essstörung und ein Erwachsenwerden, das trotz seiner Krisen eine Person aus mir gemacht hat, die in vielen Aspekten des Lebens zurechtkommt. Und trotzdem bleiben die Symptome, weil mir immer noch andere Möglichkeiten fehlen, Gefühlsschwankungen und innere Leere zu verarbeiten. Wie eine alte Freundschaft, die sich eigentlich längst auseinandergelebt hat.

Stand in the way and fate will simply go around forces at play flipping worlds upside down

Converge, Crimson Stone (2021)

KAPITEL 3

DIE AUSWIRKUNGEN

Körper, Leistung und soziales Leben

Es hat etwa fünfzehn Jahre lang funktioniert, trotz meiner regelmäßigen Essanfälle nicht zuzunehmen. In dieser Zeit während des Studiums und der weiteren Suche nach Orientierung gab es Phasen mit vielen Essattacken und Zeiten, wo sie fast ganz verschwunden waren. Obwohl ich insgesamt zugeben muss, dass sie immer ein treuer Begleiter waren.

Später stieg mein Gewicht auffällig stark, bis auf zuletzt einen BMI knapp unter 40. Die Auswirkungen sind massiv und trotzdem schaffte ich es über die Jahre, mein Leben zu leben. Niemand hat mich wegen der Essstörung verlassen und noch gibt es keine ernsten gesundheitlichen Probleme. Es ist eher so, dass mein Leben um einiges entspannter, gesünder und zufriedener sein könnte, wenn es die Störung nicht gäbe. Vielleicht komme ich der Löwengrube ein gutes Stück näher, wenn ich die Essanfälle hinter mir lasse?

Die Essanfälle wirken sich auf den Körper, auf soziale Beziehungen, auf mein Gefühlsleben und auf meine finanzielle Situation aus.

Mit Übergewicht kann man leben, aber es nervt. Passende Kleidung zu kaufen wird schwieriger. Ich fühle mich insgesamt schwerfällig, Schmerzen und Gelenkbelastungen treten auf. Ich glaube, dass ich den Vorteil habe, immer noch eine Grundbeweglichkeit zu haben. Ich weiß aber auch, dass sich mit zunehmendem Alter der Körper deutlicher melden wird.

Ich fühle mich wie ein schweres Paket und vierzig Kilogramm leichter zu sein würde bedeuten, vier Farbeimer weniger mit mir herumzutragen. Ich habe mal versucht, das Gewicht mit Wasserkübeln oder Sandsäcken zu simulieren. Vierzig Kilogramm sind wirklich viel und wenn mir das gelingt, würde ich ein Drittel meines Gewichtes verlieren!

Direkte körperliche Folgen gibt es bisher eher in der Form von kleinen Einschränkungen. Ich weiß aber, dass es schlimmer werden wird, und diese Warnung sprechen auch die Ärzte aus. Es gibt noch keinen Bluthochdruck, noch kein Diabetes, noch keine erhöhten Cholesterinwerte. Es gab eine Reizung der Achillessehne, Knie- und Rückenschmerzen. 2018 gab es in kurzer Zeit heftige Entzündungen an Blinddarm und Gallenblase mit den dazu gehörenden Operationen. Zweimal Krankenhaus in zehn Tagen. Diese Entzündungen kann man nicht direkt auf das Übergewicht zurückführen, aber es war wie ein Warnzeichen meines Körpers: Pass auf, ich bin auch noch da! Ich habe es über vierzig Jahre geschafft, nicht ins Krankenhaus zu kommen. Diese Phase war damit vorbei, und dann gleich zweimal sehr kurz hintereinander.

Während der Körper noch gut mitmacht, ist die emotionale Seite des Dickseins sehr unangenehm. Ich kann es immer wieder verdrängen und muss das auch tun, in einem Job, wo ich täglich vielen Menschen begegne und vor Menschen stehe. In Wirklichkeit schäme ich mich für meinen runden Bauch und würde mich am liebsten sozial komplett zurückziehen. Wenn ich Menschen treffe, die mich in schlank kennen und mich einige Jahre nicht gesehen haben, möchte ich mich dieser Situation am liebsten entziehen. Vor jedem Abitreffen überlege ich hauptsächlich aus diesem Grund, nicht hinzugehen.

Ich bin mir nicht ganz sicher, glaube aber, dass meine körperliche und psychische Leistungsfähigkeit durch mein Übergewicht eingeschränkt ist. Ich fühle mich schwerfällig, kurzatmig, dünnhäutig und schnell erschöpft.

Die letzten drei Jahre habe ich im Sommer immer um die hundert Kilogramm geschwankt, um dann im Winter wieder fünfzehn Kilo zuzunehmen. Weniger als hundert habe ich zuletzt vor fünf bis sieben Jahren gewogen. Jedes Mal gab es Auslöser für das Abnehmen: im ersten Jahr zwei Operationen in kurzer Folge mit Krankenhausaufenthalt, im zweiten Jahr eine körperlich intensive Hausrenovierung (ja, ich habe tatsächlich durch körperliche Arbeit abgenommen) und im dritten Jahr die Coronapandemie. Ich weiß, dass einige Menschen im Lockdown zugenommen haben, wenn ihnen Bewegung fehlte. Bei mir passierte das Gegenteil: Der Stresspegel sank und ich hatte wesentlich mehr Zeit. Ich sorgte für regelmäßige Bewegung und Ernährung und nahm dadurch ab, vor allem in der ersten Phase im Frühjahr 2020. Schade nur und auch frustrierend, dass das Gewicht im Herbst wieder hochging. Jetzt sind wir gerade im vierten Jahr, und es passiert haargenau dasselbe. Die Abnahme kam dieses Mal durch eine gute Therapie, jetzt im Winter geht das Gewicht wieder nach oben.

Wenn die Essanfälle gehäuft da sind, geht das ganz stark ins Geld. Mein Dispokredit war in diesen Phasen immer an der Grenze. Ich habe mal überschlagen, dass ich etwa 300 bis 400 Euro pro Monat für Essanfälle ausgebe. Das ist Geld, dass ich sicher auch gut für sinnvollere Zwecke einsetzen könnte. Im Moment des Essanfalls aber interessieren mich die finanziellen Folgen nicht.

Im Kontakt mit anderen Menschen, vor allem mir nahestehenden Menschen, entstehen Konflikte wie typisch beim Zusammenleben mit süchtigen Menschen. Der Kreislauf vom Versprechen: „Ich tue es nicht mehr" über Rückfälle und die Wut danach wiederholt sich. Angehörige leiden sehr darunter - einmal unter meiner psychischen Verfassung, aber auch unter den Folgen der Essstörung - und können nur sehr wenig tun. Meine Kinder kommen in das Alter, mehr davon mitzubekommen. Noch bleibt es subtil, zum Beispiel als mein Sohn letztens Verpackungsmüll fand und so damit umging: Sein Hinweis war, dass es doch unfair sei, dass Erwachsene nicht nur abends, sondern auch noch nachts Süßigkeiten essen dürfen. Meine Tochter dagegen hat in einer ähnlichen Situation eher leicht geschockt reagiert, dass es doch nicht in Ordnung sei, nachts Süßigkeiten zu essen. Sie sagt mir immer wieder, dass ich doch gar nicht so dick wäre, um Empathie zu zeigen - merkt aber im Vergleich mit anderen Männern doch, dass ich dick bin. Beide spüren meine emotionale Belastung und leiden darunter, auch wenn sie es nicht direkt sagen würden.

Es war auch Teil meines therapeutischen Prozesses herauszufinden, dass die Verantwortung für Veränderung bei *mir* allein liegt. Das Zusammenleben mit einem Menschen mit einer Binge-Eating-Störung kann sehr belastend und anstrengend sein, wenn sich Erfolge und Rückschläge über Jahre immer wiederholen.

Sexualität wird auf zwei Ebenen schwierig: Zum sorgt die Störung selbst oder die begleitende Depressivität für einen Rückgang der sexuellen Lust, zum anderen fühle ich mich mit hundertzwanzig Kilogramm wenig attraktiv und vermeide daher lieber sexuelle Begegnung. Leider bringt das auch mit sich, dass körperliche Nähe generell unangenehmer und verkrampfter wird und ich sie zunehmend vermeide. Das wiederum irritiert Menschen, die mir nahestehen. Eine Essstörung ist ein Beziehungskiller.

Die Folgen der Störung sind schleichend und bauen sich über die Jahre auf. Im Grunde wird es mit der Zeit schlimmer. Übergewicht wird für den Körper belastender, je länger ich damit lebe, und auch emotionale Probleme verschlimmern sich und der soziale Rückzug verstärkt sich. Man kann eine Zeit lang mit dieser Störung leben, auf der Langstrecke ist sie aber eine große Last und schränkt die Lebensqualität ganz massiv ein.

Overhead, are those angels or vultures?
Heavy wings and a hum of decay?

Thrice, Scavengers (2021)

KAPITEL 4

DIE VORTEILE

Freiheit, Spaß und Grenzenlosigkeit

Erstaunlicherweise bieten die Essanfälle auch Vorteile! Natürlich sind diese kein Grund, das Ganze weiter zu tun. Es wäre viel sinnvoller, die positiven Gefühle mit anderen Mitteln zu erreichen. Ich beschreibe die Vorteile nur, um zum Verständnis der Mechanismen der Essstörung beizutragen. Das Belohnungssystem im Gehirn ist daran beteiligt. Leider verändern sich die Vorteile auf der langen Strecke zu starken Nachteilen, der Spaß ist also nur von kurzer Dauer.

Jederzeit losfahren zu können und sich vollzustopfen, auch mitten in der Nacht, gibt ein Gefühl von grenzenloser Freiheit. Die ich eigentlich total geil finde! Auch wenn ich gerne in Verbindung zu Menschen bin und ein großes Bedürfnis nach Vertrautheit habe, möchte ich doch eigentlich total frei sein zu tun, was ich will. Ich habe in einer Phase der Coronapandemie, als Fastfoodketten komplett geschlossen waren, gemerkt, welche Bedeutung die Freiheit, sich immer Essen holen zu können, für mich hat und wie es mir geht, wenn sie eingeschränkt wird. Es ist das Grundgefühl, vom Leben möglichst *alle* Erfahrungen und Nuancen mitzunehmen und es vollkommen auszukosten. Warum dies auf Essen bezogen ist, wirkt auf mich etwas schräg, denn es gibt so viele andere Dinge, bei denen es viel interessanter wäre, Grenzen auszutesten: Sexuelle Experimente, Reisen in fremde Länder, sportliche Herausforderungen oder Lernen von neuen Fähigkeiten. Das maßlose Essen ist da eigentlich ein schäbiger Ersatz und behindert nur die wirklich interessanten Erfahrungen.

Es ist aber auch viel leichter verfügbar, irgendwie risikoloser und ich ecke damit weniger an. Was macht es schon, wenn ich heimlich losfahre, um mir Essen zu holen, im Vergleich zu einem *wirklichen* Ausbrechen aus den Zwängen oder Hemmungen, die mich umgeben?

■■

Eine Therapeutin hat mal das Bild der Autobahn benutzt, um mir zu erklären, wie sich das Essen als Bearbeitungsmuster festigt, indem im Gehirn „Bahnen" angelegt werden. Es wird zunehmend schwerer, andere Wege zu gehen, weil der Weg zum Essen eine bequeme, breit angelegte Autobahn ist. Andere Alternativen sind verschlungene Umwege, die erst wieder entdeckt werden müssen. Diese können zugewachsen sein wie ein Dschungel, so dass ein gutes Buschmesser nötig wird, um sie freizuschneiden - was viel anstrengender ist, als den breit ausgebauten und bekannten Weg zu nutzen.

Das Belohnungssystem wird beim Essen aktiviert und daher sind mit dem Essanfall erst mal Gefühle wie Vorfreude und etwas sehr Reizvolles verbunden. Leider wirkt dieser positive Effekt aber nur kurzfristig und spätestens mit dem Völlegefühl ist er verschwunden.

Freiheit und das Ausbrechen aus einer zu engen Welt war auch ein zentrales Motiv meines Erwachsenwerdens. Insofern ist meine Essstörung eigentlich gut erklärbar. Sie ist entstanden, weil ich emotional alleine war mit diesem starken Drang, ausbrechen zu wollen, den vielen Fragen, wo es hingehen soll im Leben und den Krisen und den späteren Brüchen. Hinzu kam eine frühe Veranlagung, Gefühle mit Essen zu verarbeiten. Schließlich war in der Zeit des Erwachsenwerdens kein anderer Verarbeitungsmechanismus verfügbar als das exzessive Essen und es wurde zur Gewohnheit. Was ich mir für mein weiteres Leben wünsche, ist, positive Strategien zu finden, um die Gefühle von Freiheit und Grenzenlosigkeit hervorzurufen, die ich lange Zeit nur mit Essen erzeugen konnte.

Dieses Kapitel trägt die Überschrift „Vorteile". Langfristig ist es natürlich wenig vorteilhaft, die Sehnsucht nach intensiven Gefühlen mit unkontrolliertem Essen zu bedienen. Therapeuten versuchen immer gerne, den Blick auf die langfristigen Folgen zu lenken: starkes Übergewicht, Gesundheitsprobleme, Beziehungskonflikte oder Geldsorgen. Trotzdem bieten die Essanfälle kurzfristige Entlastung und Befriedigung und ich habe mich oft gefragt, was an noch ungesunderen Verarbeitungsmechanismen an deren Stelle hätte treten können. Alkohol? Drogen? Keine schöne Vorstellung und tatsächlich ein Vorteil, dass ich an anderer Stelle in meinem Leben keine noch schlimmeren Süchte entwickelt habe. Beispiele gibt es in meiner erweiterten Familie genügend, vor allem für Alkoholismus,.

Grundsätzlich betrachte ich mich als anfällig für Süchte und Maßlosigkeit. Vielleicht ist die Maßlosigkeit auch nur eine extreme Form, das Leben in vollen Zügen auszukosten. Und ich möchte eine Essstörung auf keinen Fall verharmlosen: Es ist eine ernste Krankheit, die vielleicht weniger offensichtlich als die Alkoholsucht, aber doch Stück für Stück zu erheblichen gesundheitlichen und sozialen Problemen führt. Ja, vielleicht hätte alles noch schlimmer kommen können, aber es ist auch so schon schlimm. Die vermeintlichen „Vorteile" zeigen mir nur, welche Sehnsüchte und Bedürfnisse bedient werden wollen. Dies gelingt durch die Essanfälle aber nur scheinbar und für die ersten Minuten des Futterns. Wenn der Bauch übervoll ist, sind Spaß, Freiheit und Genuss sehr weit weg und es überwiegen Ekel, Scham und Bauchschmerzen.

Vielleicht gibt es für mich und andere Menschen, denen es ähnlich geht, ganz andere Wege um Spaß, Freiheit und Grenzenlosigkeit in unser Leben zu integrieren.

**No more wasted years
you're free to be as crazy as you want**

Coheed and Cambria, Comatose (2022)

KAPITEL 5

ICH BIN MEHR ALS MEINE KRANKHEIT

Das Leben neben den Essanfällen

Mir liegt es von meiner Persönlichkeit her sehr fern, „auf die Kacke zu hauen" und anderen zu zeigen, wie toll ich bin. Da ich dieses Buch aber in erster Linie für mich selbst schreibe, wollte ich gerne ein Gegenbild erzeugen zu „Dreiundzwanzig Jahre lang essgestört". In diesem Vierteljahrhundert habe ich auch gelebt, Vieles ausprobiert und Vieles erreicht und bin an allem gewachsen. Um zu zeigen, dass niemand nur aus seiner Krankheit besteht, möchte ich diese Erfolge beleuchten. Leben findet trotz Krankheit statt. Und mit dem Blick auf „Erfolge" will ich gar nicht nach außen angeben, sondern eher mir selbst die Aspekte meines Lebens bewusst machen, die mich zufrieden und sogar glücklich machen. Es geht nicht immer voran, aber im Großen und Ganzen kann ich mich nicht beklagen und sehe auf mein Erwachsenenleben, das nun schon mehr als mein halbes bisheriges Leben dauert, mit einer gewissen inneren Freude. Nicht jeden Tag, aber schon regelmäßig.

Wenn jemand noch tief in einer psychischen Krise steckt, kann ich aus meiner Erfahrung sagen: Es kommen wieder bessere Phasen. Es lohnt sich weiterzumachen, egal wie groß momentan das Gefühl der Hoffnungslosigkeit ist.

Es gibt einen Martin nach außen, der wahrscheinlich vor allem anhand dieser Erfolge wahrgenommen wird. Das ist nicht das vollständige Bild, aber die Rolle, die ich in der Öffentlichkeit und im Beruf spiele: ein erfolgreicher, gut eingebundener Dozent an der Hochschule, zwar etwas übergewichtig, aber motiviert, engagiert und mit vielen Ideen und einem eigenen Verantwortungsbereich. Der Teil des unkontrolliert Essen in sich reinstopfenden psychisch Kranken passt nicht dazu, aber nur er macht das Bild vollständig.

Lange habe ich mich gefragt, ob es hilfreich ist, Personen in meinem Umfeld gegenüber offener mit meiner Essstörung umzugehen. Es würde so viel dazu beitragen, solche Erkrankungen gesellschaftlich sichtbarer zu machen und damit vielleicht auch weniger bedrohlich. Menschen zu zeigen, dass es so etwas überhaupt gibt: erfolgreiche Männer mit psychischen Problemen. Ich habe noch keine endgültige Antwort darauf, wohl aber eine Fantasie, irgendwann mal Betroffenen zu helfen. Dieses Buch kann ein erster Schritt dazu sein.

Nun die Stationen meines Lebens, in denen trotz Essstörung ganz viel ging:

Auch wenn ich spät gestartet bin, habe ich es geschafft, zwei lange Liebesbeziehungen zu Frauen zu halten. Unterschiedlich lang in unterschiedlichen Phasen meines Lebens (die erste mit 22, die zweite mit 26 bis heute), waren doch beide wertvolle Beziehungen, intensiv und von gegenseitigem Respekt geprägt. Beide Frauen haben von meiner Essstörung erfahren und gelernt, damit umzugehen.

Aus der zweiten langen Beziehung sind zwei Kinder entstanden. Auch wenn ich lange zögerlich und unsicher war, kann ich mir ein Leben ohne diese beiden tollen Menschen gar nicht vorstellen. Sie wachsen auf, sie werden begleitet und ich glaube, dass sie behütet und in sicherer Bindung zu uns groß werden.

Ich habe Bildung in mich aufgesaugt wie bei den Essanfällen das Fastfood (von der Menge her, allerdings mir wesentlich mehr Zeit dabei gelassen): Zwei abgeschlossene Studiengänge in insgesamt zehn Jahren. Der erste 2004 abgeschlossen, der zweite 2010. Beide mit sehr guten Noten. Vorher Abitur und freie Mitarbeit bei der Lokalzeitung. Im Studium vielfältige Erfahrungen bei Jobs und Projekten. Ich habe das Hochschulradio in Münster mit gegründet. Ich war dort Chefredakteur, hatte eine eigene, aus meiner Idee konzipierte Sendung, ein musikalischer und gesellschaftspolitischer Rückblick auf die Jahre 1982 bis 2002. Ich habe im Kino, beim Kurierdienst, für einen Jazzclub, im Veranstaltungsservice, in der Medienanalyse, als Kabelträger beim WDR, als Malerhelfer, im Lager eines Skateladens, bei Telefonbefragungen, im Jugendzentrum und an der Uni gearbeitet und hier sicher noch einige Nebenjobs vergessen. Das alles sind Erfahrungen, die mich zu dem gemacht haben, der ich bin. Und es sind Begegnungen mit vielen Menschen, die eine Zeit lang Teil meines Lebens waren.

Es gab um 2006 herum einen Switch von der Idee, in der Wissenschaft zu arbeiten, hin zur Sozialarbeit. Es folgten nach den Jobs erste richtige Stellen: Im betreuten Wohnen mit Jugendlichen, später im betreuten Wohnen mit psychisch Kranken. Dann schließlich 2011 als Dozent an die Fachhochschule - ein Schritt, der mir fast etwas zu früh schien, auf den ich aber dann mächtig stolz war.

■■

In der Studienzeit gab es nicht nur Liebesbeziehungen, sondern auch sehr viele Parties, viele Freundschaften und noch mehr Bekanntschaften, viel Ausprobieren und und eine tolle WG. Was hatte ich doch für ein Glück, in Münster die richtigen Leute kennenzulernen. Es war eine Zeit, in der ich mittendrin war.

2008 kam eine Ausbildung als Hochseilgartentrainer dazu und eine freiberufliche Arbeit im Bereich Erlebnispädagogik und Outdoortraining. Ich habe das alles über Jahre weiter vertieft, leite nun ein Erlebnispädagogikmodul an der Hochschule und bin zertifizierter Erlebnispädagoge. Ich habe gemeinsam mit anderen eine Firma für Outdoortrainings gegründet, ein großes Projekt mit Menschen mit Behinderung organisiert und viele andere kleinere Dinge umgesetzt. Und nun ein Buch geschrieben.

Heute besitze ich ein Haus (ein halbes genauer gesagt), habe ein gutes Einkommen und die wirtschaftliche und soziale Basis für ein tolles Leben. Die emotionale Basis ist noch nicht ausreichend ausgebaut.

Fangfrage: Welcher dieser Sätze beschreibt mein Leben besser?

1. Ich bin ein essgestörter frustrierter Mann Mitte vierzig, der keine Perspektive mehr hat, keine Freunde und sein Leben an die Wand gefahren hat.

2. Ich bin ein mitten im Leben stehender Vater, Partner, Dozent und Erlebnispädagoge mit vielfältigen Kontakten, der richtig was erreicht hat im Leben und noch viele Möglichkeiten vor sich hat.

Wenn du dir die Sätze selbst vorliest, welche Gefühle lösen sie aus? Der zweite fühlt sich für mich richtiger an und erzeugt ein warmes, angenehmes Gefühl mit einem inneren Lächeln, während der erste mich eher runterzieht und verunsichert. Aber welcher der Sätze ist wahr? Beide zusammen. Vielleicht nicht ganz gleichberechtigt, denn ich denke, dass ich stärker Person zwei bin, der erfolgreiche Mann. Etwa zu siebzig bis achtzig Prozent. Hinter Satz eins steckt ein kleiner Junge, der nicht mit Gefühlen umgehen kann, der noch nicht weiß, was er vom Leben will und erwarten kann und der sehr verunsichert ist. Diesen Jungen gibt

es so nicht mehr - aber er hat sich ein Stück weit in der Essstörung gehalten und schaut in bestimmten Lebensphasen immer
wieder gerne hervor.

Wir sind nie zu hundert Prozent unsere Krankheit, sondern in erster Linie Mensch wie die anderen auch.

Well, you know I have a love
A love for everyone I know
And you know I have a drive
To live, I won't let go
But can you see this opposition
Comes rising up sometimes?
That it's dreadful imposition
Comes blacking in my mind
And then I see a darkness
And then I see a darkness
And then I see a darkness
And then I see a darkness
Did you know how much I love you?
Is a hope that somehow you
Can save me from this darkness

Johnny Cash, I see a darkness (2000)

KAPITEL 6

DIE PSYCHOLOGIE

Erkenntnisse aus der Fachwelt und wie ich sie erlebe

Psychische Erkrankungen und Essstörungen werden in der Öffentlichkeit stärker wahrgenommen als früher. Trotzdem ist die Binge-Eating-Störung (abgekürzt BED = Binge Eating Disorder) die unbekannteste der drei klassischen Essstörungen[1] und dabei die mit der weitesten Verbreitung.

Richtig als psychische Störung erkannt und damit als eigene Kategorie in die Diagnosesysteme aufgenommen wurde die Binge-Eating-Störung erst in den 90er Jahren, zuerst im DSM-IV.[2] Ich habe in meiner Zeit mit dieser Störung selbst 2020 noch Therapeuten getroffen, die das Störungsbild *nicht kannten*. Das zeigt aus meiner Sicht zum einen, dass nicht jede:r Therapeut:in auf der Höhe der Wissenschaft arbeitet, aber auch, dass Essstörungen ein Randthema in der Gesellschaft sind - zum Beispiel im Vergleich zur Depression. Es war mir immer leichter gefallen, auch öffentlich zuzugeben, an einer Depression zu leiden statt an einer Essstörung. Depressive Symptome begleiten die Binge-Ea-

---

[1] Anorexia nervosa und Bulimia nervosa sind die anderen beiden. Während es bei der Anorexie eher um das Ablehnen von Essen und die verschobene Körperwahrnehmung geht, werden bei der Bulimie nach Essanfällen *Gegenmaßnahmen* wie Erbrechen durchgeführt. Habe ich ein Mal ausprobiert und dann gelassen.

[2] Der DSM ist das Diagnosesystem der American Psychiatric Association und das dominierende Klassifikationssystem für psychische Erkrankungen in den USA, während in Deutschland das ICD-System der WHO geläufiger ist.

ting-Störung sehr oft - so auch bei mir, mit je nach Phase leichter oder mittelgradiger Einstufung auf der Skala der Depressivität.

Interessanterweise wurden im DSM während meiner über zwanzig Jahre mit der Störung die Diagnosekriterien verschärft - was dazu führt, dass man schneller in der Störungsbild eingeordnet wird als vorher. Ob das gut oder schlecht ist, kann ich nicht beurteilen. Sicher ist es ein Vorteil, schneller Hilfe zu bekommen - und dafür braucht man nun mal eine Diagnose. Auf der anderen Seite sind Diagnosen auch nur Konstrukte und ob man gerade so noch in die Kriterien reinpasst oder eben nicht mehr, ist vielleicht nicht so entscheidend, wenn es einem schlecht geht. Denn die Diagnosekriterien sind eine sehr formale Betrachtung der Krankheit und ihrer Probleme.

Neben Kontrollverlust, dem Essen großer Nahrungsmengen und dem Verzichten auf Gegenmaßnahmen (Erbrechen, Sport, Abführmittel) gehört zur Diagnose, über einen Zeitraum von *drei Monaten* durchschnittlich *ein Mal wöchentlich* einen Essanfall zu haben. Früher waren es zwei Essanfälle pro Woche über sechs Monate.

In den über zwanzig Jahren mit dieser Krankheit gab es bei mir unterschiedlich lange Phasen, in denen ich die Diagnosekriterien nicht erfüllt habe und Phasen ganz ohne Essanfälle. In den ersten Jahren nahm ich auch nicht zu durch die Essstörung, dass passierte erst mit Ende dreißig und einer Verfestigung der Symptome.

■■

Wie verbreitet ist diese Störung? Darüber gibt es unterschiedliche Studien mit unterschiedlichen Zahlen, die irgendwo zwischen 1 und 4% Verbreitung in der Allgemeinbevölkerung liegen sollen. Erstaunlich, wie ungenau die Forschung hier unterwegs ist! Die Verbreitung liegt sehr wahrscheinlich höher als bei Bulimie und Anorexie. Darüber hinaus gibt es viele Menschen (bis zu 10% der Bevölkerung), die nicht ins Diagnoseraster fallen, aber gelegentliche Symptome einer BED zeigen.

Insgesamt zeigen die Zahlen aus meiner Sicht, dass die Krankheit sehr verbreitet und doch wenig bekannt ist und dass wesentlich mehr Menschen emotionale Probleme mit Essen verarbeiten, als man denkt. Dabei bewegen sich wahrscheinlich viele am Rand der Diagnosekriterien, indem die Essanfälle weniger häufig sind oder der Kontrollverlust weniger stark - man spricht hier häufig vom „emotionalen Essen".

■ ■

Wie entsteht eine Binge-Eating-Störung? Eine spannende Frage, die mich auch auf mein eigenes Leben bezogen beschäftigt hat. Es gibt ein multifaktorielles Erklärungsmodell und als ich darüber gelesen habe, fiel mir auf, dass einige der Erklärungen und Risikofaktoren auch auf mein Leben zutreffen.

Man unterscheidet zwischen zwei großen Risikofaktoren: Einmal **Übergewicht** in der Kindheit und damit einhergehend Abwertungen bezogen auf Figur, Körper und Gewicht (bei mir der Fall) sowie allgemein einer erhöhten **Anfälligkeit** für psychische Erkrankungen (ebenfalls erfüllt). Dazu kommen **auslösende** Faktoren wie schlechte Emotionsregulierung oder belastende Ereignisse und ein **aufrechterhaltendes** Verhalten: Die Essanfälle werden gewohnheitsmäßig zum Spannungsabbau oder zur Emotionsregulierung eingesetzt und es wird zunehmend schwieriger, andere Verhaltensweisen dafür zu finden.

Bei mir liegt nach Einschätzung einer Fachklinik ein *Selbstwert-konflikt* hinter der Essstörung. Diesen Erklärungsansatz kann ich gut nachvollziehen. Ich war in der Kindheit übergewichtig und hatte in der Pubertät große Probleme, jemanden zu finden, der mich emotional auffangen konnte. Meine Eltern sind selbst phasenweise von Depressionen betroffen und oft nicht in der Lage gewesen, mir den nötigen emotionalen Beistand zu geben. Essen war schon früh für mich ein Belohnungsfaktor oder ein Trost bei Kummer. Die ersten Essanfälle begannen Anfang zwanzig, als ich mich von meinem Zuhause löste und auf der Suche nach meiner Identität als junger Mann war.

Ungeregeltes Essverhalten im Alltag spielt eine große Rolle bei der *Aufrechterhaltung* der Binge-Eating-Störung. Dies war in einer früheren Phase in meinem Erwachsenenleben ein großes Problem. Durch Schichtdienst und einen unstrukturierten Alltag kümmerte ich mich wenig um meine Mahlzeiten. Ich empfand es auch als „uncool", Essen zu planen und wollte mehr oder weniger alles spontan machen. Dies begünstigt Heißhungerattacken am Abend, wenn der Körper unterzuckert ist und schnell Energie benötigt.

Mittlerweile habe ich akzeptiert, das es hilfreich und für mich notwendig ist, Mahlzeiten vorzuplanen. Es erleichtert den Alltag und nimmt Stress raus. Zudem gibt es dem Essen einen Wert und zeigt, sich selbst wichtig zu nehmen und nicht - wie leider in Deutschland üblich - Essen im Berufsalltag zwischendurch reinzuschieben, am besten noch am Schreibtisch während der Arbeit.

■■

Da die Binge-Eating-Störung trotz ihrer Unbekanntheit in der Allgemeinbevölkerung in der Fachwelt gut erforscht ist, weiß man auch ganz gut, was therapeutisch hilft. Am stärksten empfohlen wird die kognitive Verhaltenstherapie, die als Gesprächstherapie mit einer Mischung aus Analyse der Hintergründe, Verständnis für die Mechanismen und Verhaltenstraining arbeitet. Das Ziel dabei ist, *Ersatzverhalten* zu üben, das langfristig gesünder ist, als sich mit Essen vollzustopfen. Dazu wird in der Regel erst einmal erarbeitet, wofür die Essstörung steht.

Bei mir habe ich in den Jahren verschiedener Therapien herausgearbeitet, dass in bestimmten Phasen meines Lebens die Essanfälle unterschiedliche Bedürfnisse erfüllten. Während es in jüngeren Jahren eher um die Regulierung von Emotionen und Unsicherheiten im Zusammenhang mit dem Erwachsenwerden ging, sind die Essattacken in letzter Zeit eher ein Ersatz für im Familienleben zu kurz kommende Bedürfnisse nach Kontakt zu Erwachsenen und intensive Gefühle, die mir wie später noch beschrieben abhanden gekommen sind.

Was macht man, wenn das eigene Leben etwas fade und eintönig geworden ist und Anregungen fehlen? Man könnte sich betrinken, andere Drogen nehmen oder nach besonders intensiven Erlebnissen suchen. Oder eben sich mit großen Mengen Essen befriedigen. Einige dieser Strategien sind sicher sinnvoller als die anderen, aber die Sache mit dem Essen habe ich früh gelernt, und daher ist sie dann leichter verfügbar als die anderen Möglichkeiten. Die Therapie möchte einem natürlich beibringen, Dinge zu finden, die auch langfristig zufrieden und gesund machen.

Neben den eher untersuchenden und erklärenden Ansätzen der Therapie gehört leider auch dazu, über einige Zeit Essprotokolle zu führen. Das ist nervig, aber sinnvoll, weil dir nur so bewusst wird, wie die alltägliche Ernährung aussieht. Neben der Suche nach Ersatzverhalten zur Erfüllung der untererfüllten Bedürfnisse gehören auch das Üben regelmäßiger Mahlzeiten zur

Therapie sowie moderate regelmäßige Bewegung. Das vermeidet Unterzuckerungsfallen und sorgt für ein angenehmeres und ausgeglicheneres Körpergefühl.

Essanfälle werden in der Verhaltenstherapie anhand eines differenzierten Schemas analysiert, um sie besser zu verstehen. Dabei geht es um Auslöser, die konkreten Situationen und die Gefühle und Gedanken vor und nach dem Essanfall. Das ist teilweise unangenehm: Man geht zur Therapie voller Hoffnung und denkt, mit dem Start sind die Essanfälle vorbei. Dabei bleiben sie erst Mal da und das ist vielleicht auch hilfreich, weil nur dann die Chance besteht, sie genauer zu analysieren.

Ich habe gelernt, dass meine Essanfälle häufig aus einer inneren Leere am späten Abend entstehen. Dieses Muster zu kennen hilft, dagegen zu arbeiten.

Gerne wird zur Behandlung der Binge-Eating-Störung eine ambulante Therapie vorgeschlagen, um nah am Alltag zu bleiben. Sollte das nicht ausreichen, sind aber auch stationäre oder teilstationäre Maßnahmen denkbar und es gibt Kliniken, die sich auf Essstörungen spezialisiert haben.

Jede:r Betroffene muss für sich herausfinden, was ihm oder ihr hilft. Ich kann nur dazu ermutigen, dass es sich definitiv lohnt, therapeutische Hilfe zu suchen, auch wenn der Weg mühsam sein kann.

Are you well in the suffering? - You've been the most gracious of hosts

Coheed and Cambria, The Suffering (2005)

KAPITEL 7

GEFÜHLE

Kann ich sie überhaupt noch wahrnehmen?

In der letzten Zeit war es mit wechselnden Therapeutinnen immer wieder mal Thema, ob ich als depressiv einzuordnen bin. Da ich ein grundsätzliches fachliches Interesse an Psychologie und Diagnosesystemen habe, fand ich es spannend zu diskutieren, ab wann bestimmte Symptome schon als depressive Episode eingeordnet werden können. Auf der anderen Seite habe ich mich immer wieder gefragt, inwieweit mir das überhaupt hilft, weiterzukommen.

Depressionen sind meistens verbunden mit innerer Leere und einem Gefühl der Hoffnungslosigkeit und Interessenverlust. Das kommt bei mir für kurze Phasen immer mal wieder vor - auf lange Sicht erlebe ich in den über zwanzig Jahren aber mit der Essstörung auch viele positive Phasen und konnte mich zu sehr vielen Dingen aufraffen und motivieren.

Wenn ich an die Löwengrube (Kapitel 2) denke, dann ist diese ein Symbol dafür, dass es mir so vorkommt, als Erwachsener grundsätzlich die Fähigkeit für intensive Gefühle verloren zu haben. Inwieweit das mit meiner Essstörung zusammenhängt? Keine Ahnung… Ich spüre einfach einen starken Hunger nach den intensiven Seiten des Lebens, und gleichzeitig starke Hemmungen und Blockaden, die mich hindern, Gefühle und Bedürfnisse komplett auszuleben.

Früher, als Jugendlicher oder auch als Student, war ich manchmal verzweifelt, einsam, überglücklich - ja als Kind noch viel stärker - und nach diesem intensiven Gefühlserleben sehne ich mich oft zurück. Vielleicht hätte ich dafür ein anderes Leben wählen müssen - mit weniger Beständigkeit, mit mehr Gefahr und Unsicherheit, mit wechselnden Beziehungen, mit extremeren Höhen und Tiefen. Ein Leben, wie es manche Künstler oder Musiker führen. Aber vielleicht ist es auch möglich, in mein Leben eine stärkere Balance zwischen Sicherheit und Freiheit einzubauen, ohne in die Extreme zu gehen.

Zwei mir bekannte und vertraute Gefühle als Erwachsener sind *Traurigkeit* in Form einer Melancholie oder einer Schwermut und *Scham*. Ansonsten ist das meiste so Larifari, wenn nicht gerade extrem außergewöhnliche Sachen passieren. Die eigentlich sehr angenehme Stabilität meines Lebens macht es manchmal fad wie ungewürztes Porridge.

Ich habe als Kind und in der Pubertät nicht wirklich jemanden gehabt, mit dem ich ehrlich meine Gefühle teilen konnte. Ich habe auch nie gelernt, sie als einen Teil von mir einfach zu akzeptieren. Sie wurden eher ignoriert, geheim gehalten oder unterdrückt. Erst mit achtzehn oder neunzehn Jahren ist es mir gelungen, offener über Gefühle zu reden, und dann hat es noch einige Jahre gedauert, ein stabiles Selbstbild als Mann zu entwickeln, der auch Gefühle haben und zeigen darf. In dieser Zeit, die auch noch vom Finden und Festigen von Freundschaften und Liebesbeziehungen geprägt war, ist meine Essstörung entstanden. Ich war überfordert, ich war mit mir selbst nicht im Reinen, ich war unsicher und wollte sehr viel. Ich wollte Erfolg bei Frauen, wollte Spaß haben und die Welt entdecken. Spaß hatte ich viel, die anderen beiden Sachen teilweise auch. Was aus diesem langen Lernprozess rund um Gefühle heute in meiner Phase als Vater geblieben ist, ist ein manchmal fehlendes Gespür, was da gerade *wirklich* für ein Gefühl da ist. Wenn es unangenehm ist, kann es schnell passieren, dass ich es mit Essen unterdrücke. Dann stumpft es ab und ich habe verlernt, dem Gefühl eine echte Bedürfnisbefriedigung entgegenzusetzen. Zudem habe dann allgemein auch Schwierigkeiten, Gefühle wahrzunehmen und einzuordnen. Alles wird ein fader Brei, in dem keine intensiven Gefühle mehr zu erkennen sind, weder positive noch negative. In dem ich auch nicht mehr weiß, was ich eigentlich brauche.

Wenn ich frustriert bin, esse ich. Bin ich einsam, esse ich. Ist mir langweilig, esse ich. Bin ich angespannt, esse ich. Bin ich entspannt, esse ich auch. Habe ich etwas Anstrengendes geschafft, esse ich. Und nach dem Essen ist da nicht mehr viel an Gefühlen. Es gibt ein Völlegefühl, eine Egal-Einstellung, innere Leere und große Müdigkeit.

- Bin ich frustriert - könnte ich etwas tun, um mich abzureagieren?

- Bin ich einsam - könnte ich für Kontakt sorgen?

- Ist mir langweilig - gibt es eine anregende und herausfordernde Tätigkeit für mich?

- Bin ich angespannt - kann ich auf andere Art entspannen?

Solche alternativen Strategien wären wünschenswert, und das könnte mich wieder näher zu meinem Gefühlserleben bringen.

Gefühle sind ein reichhaltiger Schatz für uns Menschen und deuten aus meiner Sicht (und ich glaube auch aus Sicht der Fachleute) auf Bedürfnisse hin, die erfüllt werden wollen. Ich habe zu meinen Gefühlen eine Hassliebe entwickelt. Auf der einen Seite kann ich mich darin wirklich suhlen und mich wunderbar hineinsteigern (natürlich nur in die negativen!), auf der anderen Seite verliere ich manchmal den Zugang zu ihnen, indem ich sie mit Essen betäube. Und wenn ich ehrlich zu mir selbst bin, will ich auch heute noch das Gleiche wie mit Anfang zwanzig: Spaß, Erfolg bei Frauen und was von der Welt sehen.

Was mir aber eigentlich im Leben seit vielen Jahren fehlt, sind intensive Gefühle. Ich fühle mich betäubt oder an der Leine gehalten - wobei ich mich frage, wer diese Leine hält. Ich spreche hier nicht von depressiven Symptomen, die ich zeitweise auch durchlebt habe. Ich meine eine generelle Eintönigkeit des Lebens als Erwachsener. Ist das normal oder ist meine Sehnsucht nach intensivem Leben besonders groß? Oder lebe ich zu gut versorgt und gesättigt, so dass ich mir über unwichtige Dinge den Kopf zerbrechen muss?

Seit wir ein Haus besitzen, befasse ich mich manchmal tagelang mit Recherchen über Fundamente für ein Gartenhaus oder das Aufstellen eines Pools. Alles schön und gut, wenn es Spaß macht und zum Hobby wird - aber als zentraler Lebensinhalt doch etwas kleinbürgerlich und vor allem langweilig… Dann rege ich mich über einen Nachbarn auf, der uns nicht erlauben will, seine Privatstraße zur Anlieferung zu nutzen. Was ist da bitte los? Gibt es keine „echten" Probleme in meinem Leben?

Das „echte" Leben ist ein wichtiger Aspekt. Seit Jahren habe ich das Gefühl, herunterreguliert zu leben. Das Thermostat meines inneren Feuers ist auf 1,5, obwohl es in meinem Alter eigentlich auf Stufe 5 sein sollte. Mit der Idee vom echten Leben verbinde ich intensive Gefühle und eine Wichtigkeit und Echtheit, die alles andere in den Schatten stellt. In den letzten zehn Jahren habe ich dieses Gefühl gehabt

- bei der Geburt meiner Kinder.

- im Krankenhaus mit den beiden OPs.

Das sind nicht gerade viele Momente, aber zwei sehr prägende, in denen es eben um das Leben an sich ging. Geburt und Krankheit. Aber es kann ja nicht sein, nur in solchen Ausnahmesituationen glücklich zu sein. Wo ist mir dieses echte Leben abhanden gekommen und was braucht es dazu? Früher, zu Studentenzeiten, war dieses Gefühl da, alles war offener und weniger fertig gestaltet.

Das Leben auf Sparflamme führt zu einer sehr unangenehmen Form der Erschöpfung, einem ausgelaugt, aber nicht erfüllt sein. Außerdem stehen meine Essanfälle genau dafür - für den schäbigen Versuch, durch Fast Food und Süßigkeiten intensive Gefühle und Pep in mein Leben zu bringen - was aber nur für einen kurzen Moment funktioniert und in Wirklichkeit ein fader, unattraktiver Ersatz ist. Also habe ich die Zusammenhänge doch verstanden! Die Frage bleibt: Kommen die intensiven Gefühle von alleine, wenn die Essanfälle gehen? Oder muss ich sie aktiv suchen, *damit* die Essanfälle gehen? Funktionieren vielleicht beide Wege?

Tatsächlich sitze ich gerade in der Bretagne dabei, dieses Buch fertigzustellen. Ich kann nicht mehr genau sagen, wie lang ich daran gearbeitet habe - zwei Jahre? Mehr?[3] Jedenfalls: Mit dem Abstand von zu Hause und vom Alltag sehe ich gerade sehr viel klarer. Meine Essstörung wirkt von hier aus eher befremdlich.

Wenn ich ehrlich zu mir selbst bin, habe ich es in meiner aktuellen Lebensphase - nach Kindheit, Jugend und Studienzeit die Zeit, in der ich Vater bin und älter werde - verlernt, im Kontakt mit meinen wesentlichen Bedürfnissen zu bleiben und für Abwechslung und Freude in meinem Leben zu sorgen. Wow! Das ist echt wichtig! Wenn sich jetzt nichts ändert, kann es in den nächsten Jahren richtig übel werden. Es wird nicht leichter, mit Mitte 50 mit

---

[3] Ein Blick ins Dateisystem zeigte es mir später: ein Jahr und vier Monate waren es bis zu dieser Situation. Danach kam ein weiteres Jahr dazu.

erwachsenen Kindern für Abwechslung, neue Freundschaften und erfüllten Sex zu sorgen. Oder doch? Jedenfalls sehe ich meinen Vater vor mir, der auch eher zurückgezogen lebt und an sozialen Anlässen immer wenig Interesse hatte. War es ihm zu anstrengend? War er unsicher? Wie ähnlich sind wir uns? Er ist jetzt 81 und kämpft mit dem Altwerden.

Und dann hat sich eine Essstörung dazwischengeschoben, die zunächst dazu da war, Probleme in der Identitätsfindung und die damit verbundenen Unsicherheitsgefühle zu bearbeiten und nun einen Ersatz für fehlende intensive Gefühle in meinem Leben darstellt, der aber leider nicht funktioniert. Der Weg hin zu wieder intensiveren Erlebnissen, sei es in Form von Freundschaften, anderen Begegnungen, Musik, Sexualität oder Reisen, macht es nötig, bestimmte alte Scham- und Unsicherheitsgrenzen zu überwinden. Mit *alt* meine ich, dass ich es eigentlich schon mal konnte: Kontakte aufbauen. Menschen kennenlernen. Selbstbewusst sein. Mir aber die letzten Jahre eingeredet habe, dass es mir schwerfällt.

Ich bin sehr sicher, dass zu diesem neuen Weg auch gehört, ganz selbstverständlich und offen mit meiner Essstörung umzugehen. Dieses Buch ist ein Teil davon, und vielleicht klappt es ja tatsächlich, auf diesem Weg zum Experten für Essstörungen aus Erfahrung zu werden und diese Kompetenz zu nutzen und vor allem zu zeigen.

Auch hier - bei der Frage, wie öffentlich ich mit dieser Thematik werden will und sollte (wer sagt mir das?) - geht es wieder um eine Schamgrenze. Kann ich als Dozent, der im Laufe von zehn Jahren Hunderte von Studierenden begleitet hat und auch als Person von diesen wahrgenommen wird - vollkommen offen mit meiner Essstörung umgehen? Was, wenn eine:r davon dieses Buch in die Hände bekommt? Was passiert dann? Oder heißt „Frieden mit mir selbst schließen" genau das: meine kranke,

peinliche und meine gesunde, kompetente Seite zusammenzu-
bringen? Als vollständiger Mensch sichtbar zu werden?

**I´m back with scars to show
back with the streets I know
will never take me anywhere but here**

The Weakerthans, Left and Leaving (2000)

KAPITEL 8

DIE GUTE SEITE DES ESSENS

Kochen, Genießen und Essen als Hobby

Als Jugendlicher musste ich zum Kieferorthopäden, was alle paar Monate mit einer Fahrt in die Großstadt verbunden war. In der Zeit, als ich schon alleine mit dem Bus dort hinfahren konnte, spürte ich eine sehr starke Vorfreude auf das Essensangebot. Dort gab es McDonald's, dort gab es tolle Eisläden, die meine Kleinstadt in der Vielfalt nicht bieten konnte. Jedes Mal nutzte ich dieses Angebot. Es waren noch keine Essanfälle, aber das Essen als Genuss stand bei diesen Ausflügen sehr weit oben.

Eine ähnliche Vorfreude gab es und gibt es auch heute noch, wenn ich mit meiner Familie ins Restaurant ging oder irgendwo eingeladen war, wo es wirklich gutes Essen gab. Schon früh war der Genussaspekt des Essens ein wichtiger Teil meines Lebens und meiner Identität und das finde ich erstmal positiv.

Eine Essstörung hat sich erst in dem Moment entwickelt, als ich begonnen habe Essen zu nutzen, um auch unangenehme Gefühle zu betäuben. Das war wahrscheinlich ein schleichender Prozess, der mir erst richtig bewusst wurde, als ich mich mit zwanzig mit einer riesigen Schüssel von Süßigkeiten vollstopfte, die eigentlich als Abschiedsgeschenk für die Kolleg:innen in der Wäscherei gedacht war.

Neben dem ungesunden, pathologischen Essen gibt es aber auch einen positiven Aspekt des Essens: Ich esse gerne, ich genieße gerne gut zubereitete Mahlzeiten und Kochen hat sich zeitweise zu einem Hobby entwickelt. Es wäre nicht hilfreich, Essen und auch die Lust auf bestimmte Lebensmittel hier zu verteufeln. Ungesund ist es aus meiner Sicht dann, wenn die Lust in ein unkontrolliertes Verlangen kippt und wenn mein Körper beginnt, darunter zu leiden. Vor dieser „Kipp-Grenze" gibt es ganz viele positive Aspekte des Essens, die ich aus meinem Erleben kurz beschreiben möchte:

Essen hat einen stark sozialen Aspekt und ich liebe es, mit vertrauten Menschen zusammen Mahlzeiten zu genießen. Auch wenn diese mal üppiger ausfallen, ist das weit weg vom Essanfall - denn dieser passiert ausschließlich alleine. In den letzten Jahren, die bei mir durch Coronapandemie und Homeoffice geprägt waren - habe ich entdeckt, wie wertvoll es ist, sich bewusst um die Zubereitung von Mahlzeiten zu kümmern. Dieser Aspekt, der ein wesentlicher Teil der Therapie von Essstörungen ist, hat sich bei mir sehr gefestigt.

Ein Rückblick: Von 2007 bis 2009 habe ich als Betreuer in einem Jugendwohnen gearbeitet. Dort hatten wir Schichtdienst, meistens am Nachmittag und auch am Wochenende, allerdings ohne die Nacht. Ein typischer Arbeitstag konnte zum Beispiel von 14 bis 20 Uhr oder auch von 16 bis 22 Uhr gehen. In der Regel fuhr ich ohne Mittagessen zur Arbeit. Manchmal musste ich über die Kekse herfallen, die eigentlich für Termine mit dem Jugendamt bereitstanden. Ich war einfach unterzuckert und später in der Therapie habe ich gelernt, dass man Unterzuckerung bei Essproblemen unbedingt vermeiden sollte.

Es hat noch ein paar Jahre gedauert, bis ich akzeptieren konnte, dass Mahlzeitenplanung total hilfreich ist. Ich habe mich früher innerlich dagegen gewehrt, mich so stark festzulegen. Ich weiß aber, welchen Stress und welche Gefahr es verursacht, ausgehungert erstmal zu überlegen: Was esse ich jetzt? Dann auch noch einkaufen zu müssen und vielleicht zu merken: Das ist mir alles gerade zu anstrengend. Dann ist der Weg zum Fastfood der einfachere.

Mittlerweile mache ich mir die Mühe, Einkäufe und Mahlzeiten stärker vorzuplanen. Dabei hilft mir im Moment eine Gemüsekiste mit Kochbox, die wöchentlich geliefert wird. Im Homeoffice habe ich in der Regel von 12 bis 14 Uhr Mittagspausen im Kalender eingetragen, um Zeit zum Kochen und Essen zu haben. Wenn ich wieder zur Hochschule fahre, wird diese Planung schwieriger. Am liebsten war mir immer die Möglichkeit, in einer Kantine Mittag zu essen - was ich in meinem Arbeitsleben so gut wie nie hatte. Die Alternative sind mitgebrachte Mahlzeiten und abends zu kochen. Der Clou ist, es bewusst und realistisch zu planen und die Situation zu vermeiden, ausgehungert entscheiden zu müssen, was ich esse.

Meine Schwester hat eine Zeit lang in Paris gearbeitet. Dort gab es für die Mitarbeitenden Restaurantgutscheine, die sie zum Essengehen nutzen konnten. Es zeigt, wie wichtig und positiv besetzt hochwertige Mahlzeiten in der französischen Kultur sind. Ich finde das sehr inspirierend. In Deutschland gibt es mittlerweile in den großen Städten viele Mittagstisch-Angebote. An meinem Arbeitsort in den Niederlanden leider nicht, weil die Esskultur eine andere ist und mittags das „Lunch" gegessen wird, das aus eher einfachen und teils ungesunden Snacks besteht, wie belegten Broten oder Frittiertem.

Im Alltag ist es manchmal eine Herausforderung, sich gegen diese Abwertung und Unwichtigkeit des Essens zu behaupten. Termine gehen vor, Essen wird nebenbei und schnell erledigt. Mit dem Wissen, dass mir das nicht guttut und meine Essanfälle begünstigt, versuche ich mich anders zu organisieren. Daraus hat sich über die Jahre im positiven Sinne eine Wertschätzung von

Essen entwickelt - die mir nicht immer gelingt, aber immer besser.

Die Zeit und Muße, sich Mahlzeiten zuzubereiten, ist dafür ganz wesentlich - und wenn sie nicht da ist, eher auf gute Restaurants zurückzugreifen als auf Fastfood. Diese Zeit muss im Alltag eingeplant werden und dafür andere Dinge nach hinten rutschen. So gelingt es mir nach und nach, meinen Umgang mit Essen nicht nur als Störung, sondern auch als Hobby zu begreifen, das sogar Spaß machen kann. Und das Befassen mit Gerichten, Varianten, Gewürzen, Geschmackskombinationen oder auch der internationalen Küche kann richtig viel Spaß machen. Für mich waren aber immer eher die alltagstauglichen Gerichte interessant, anstatt mit aufwändigen Kreationen zum Möchtegern-Sternekoch zu werden. Ich habe in dem Prozess in den letzten Jahren einige Fertiggerichte durch Selbstgemachtes ersetzt: Die Pizza, die Käsespätzle, das Brot. Die andere Seite der Medaille der Essstörung ist also auch eine Verwandlung des zwanghaften Essens in ein Bewusstsein für die Wichtigkeit des Essens. Und das fände ich gesamtgesellschaftlich positiv: Wenn wir alle in unserer schnelllebigen Zeit gutem Essen wieder mehr Aufmerksamkeit widmen könnten.

Alles was ich immer wollte, war alles

Tocotronic (2018)

KAPITEL 9

THERAPEUTISCHE ERFOLGE

Viele Anläufe und trotzdem nicht umsonst

Man kann mit modernen Therapien bei einer Essstörung viel bewirken und ich habe das mehrmals erfahren. Die Störung ist bei mir hartnäckig und beißt sich immer wieder durch - insofern konnte ich mich seit Beginn der Essanfälle noch nie als komplett geheilt betrachten. Allerdings heißt das nicht, dass Therapien nichts bringen.

Ganz ehrlich - mehrmals schon in meinem Leben war ich an dem Punkt zu denken, dass es nichts mehr gibt, was ich tun kann. Dass noch eine weitere Therapie sinnlos ist. Dann hat es sich aber trotzdem wieder verändert und meine Motivation war hoch, noch mal eine Runde zu drehen. Es lohnt sich einfach immer, mit Fachleuten zu sprechen. Die Essstörung kam bei mir sicher nicht *einfach so* in bestimmtem Phasen wieder, sondern aus Gründen. Es waren Phasen, in denen mein Identitätsproblem: Wer bin ich, was will ich sein und was traue ich mir zu?, wieder akut wurde. Vor allem, als ich Vater wurde!

Mit dem Leben mit Kindern wurden diese Fragen sehr stark und auch zur Belastung und Beziehungskrise: Wo bleibe ich? Verschwinde ich vollends in der Vaterrolle? Wo sind wir als Paar? Wann und wie haben wir Sex? Kann ich meinen Kindern die emotionale Nähe geben, die mir gefehlt hat?

Erstaunlich, wie viel diese Fragen mit den Fragen meiner Identitätssuche als junger Erwachsener zu tun haben. Kein Wunder, dass die Essanfälle wieder stärker wurden!

Am meisten profitiert habe ich von einer kognitiven Verhaltenstherapie um 2010/11, die sich explizit mit der Binge-Eating-Störung beschäftigt hat und teilweise am Manual[4] orientiert gearbeitet hat. Darüber hinaus habe ich folgende Versuche unternommen:

• tiefenpsychologische Therapie 2009, die keine Besserung gebracht hat und dann überging in die Verhaltenstherapie

• tiefenpsychologische Therapie 2018, die vor sich hingeplätschert ist und belanglos war, allenfalls gab es ein paar interessante Impulse

• Suchtberatung während des Studiums noch vor den anderen beiden Therapien, die sehr hilfreich war und in einer Alpenfahrt mit einer Männergruppe mündete. Aus der danach gebildeten Männergruppe stieg ich aus - hier waren viele Alkoholiker dabei und es passte nicht so ganz für mich, trotz netter Begegnungen.

• Paartherapien mit wenigen Sitzungen bei zwei unterschiedlichen Therapeut:innen

• Rehamaßnahme 2020, in der die Essstörung nicht im Vordergrund stand, sondern eher Stress und Überlastung

• Therapie 2000/2001 die wegen Mexiko abgebrochen wurde

---

4 Dem Handbuch für Therapeuten (Munsch, 2003)

- Aufenthalt über 10 Wochen in einer Tagesklinik 2021/22, wo es explizit um die Essstörung ging

Es ist eine ganz schön lange Liste entstanden und gerade jetzt stehe ich wieder auf der Warteliste einer therapeutischen Praxis. Als ich dort zum Aufnahmegespräch war, habe ich mir ernsthaft die Frage gestellt, ob ein weiterer therapeutischer Versuch nun noch etwas bringt. Ich drehe immer wieder Schleifen. Die Therapeutin selbst hat darauf hingewiesen, dass es doch manchmal im Leben so sein kann, dass man eine Auffrischung braucht. Was in jedem Fall richtig ist: Die Essstörung war in bestimmten Phasen meines Lebens stärker und in anderen weniger stark. Jetzt gerade als Vater und sehr im Familienleben eingebunden sind die Symptome seit acht Jahren stark. Es ist ein wenig so, als wäre das einengende „Kleinstadtgefühl" aus meiner Zeit als junger Erwachsener zurückgekehrt.

Kann ich nun anderen empfehlen, eine Therapie zu machen? Auf jeden Fall! Aus meiner Erfahrung aber würde ich sagen: Sucht euch auf jeden Fall eine:n Therapeut:in, der:die sich gut mit dem aktuellen Stand rund um Binge Eating auskennt. Die Störung ist wie erwähnt seit 1994 im DSM-IV aufgenommen - und trotzdem bin ich mehreren Therapeuten begegnet, die sich nicht damit auskannten oder sogar noch nie davon gehört hatten. Dabei ist es ein großer Vorteil, wenn die Therapeut:innen nach dem aktuellen Stand der Therapieforschung arbeiten.

Therapie bringt auf jeden Fall ganz viel. Dass die Störung bei mir so hartnäckig ist, liegt auch an der spezifischen Form, in der sie bei mir auftritt. Der Heilungsprozess kann bei anderen Personen ganz anders und viel schneller gehen. Besonders wenn ihr jung seid, rate ich ganz dringend dazu, es mit Therapie auszuprobieren. Die Störung ist durch Verhaltenstherapie gut zu bearbeiten und Erfolge sind sehr wahrscheinlich.

Auf der anderen Seite ist sie auch hartnäckig und nicht immer führt eine Psychotherapie direkt zum Erfolg. Ohnehin habe ich in der Therapie gelernt, Ziele eher bescheiden zu stecken. So ist es viel hilfreicher, das Ziel zu verfolgen, deutlich weniger unter den Essanfällen zu leiden und sie sichtbar zu reduzieren, anstatt sie vollkommen wegzubekommen.

Woran arbeitet man in einer Therapie? Ernüchternd war für mich, dass am Anfang die Reduktion der Essanfälle und nicht die Gewichtsabnahme im Vordergrund stand. Das kann zunächst frustrierend wirken, wo man doch so gerne schlanker werden will. Um die Essanfälle zu bearbeiten, werden diese anhand eines ABC-Modells analysiert, indem man sich die Auslöser, die Gedanken und Gefühle und die Handlungen (also den Essanfall in seinem konkreten Ablauf) anschaut. In der Regel führt man erst mal einige Wochen einen Mahlzeitenplan und arbeitet dann an der Planung einigermaßen fester Mahlzeiten (keine Unterzuckerung und Heißhungerattacken entstehen lassen!) und an regelmäßiger moderater Bewegung. Im Rahmen der Analyse der Essanfälle versucht man, Trigger zu identifizieren und zu vermeiden und für die auslösenden Gefühle alternative Handlungen zu erlernen, oder auch durch Skillstraining Spannungszustände und Essensdruck zu reduzieren. Verhaltenstherapie möchte vom Ansatz her vor allem alternative Handlungsweisen aktiv erlernen lassen. Aber auch die Hintergründe zu verstehen und zu bearbeiten, für die die Symptome der Essstörung eigentlich stehen, kann und sollte Teil der Therapie sein.

Meine Lieblingstherapeutin 2011 hat mir wie gesagt erklärt, dass es wie eine Autobahn im Gehirn ist: Der Weg, Essanfälle als Muster der Bearbeitung zu wählen, ist fest angelegt und der einfachste Weg. Die Verknüpfungen im Gehirn dazu sind gut ausgebaut und leicht befahrbar, während Alternativen über schwierige, kurvenreiche Seitenstraßen führen, die sehr mühlselig zu fahren sind und vielleicht zugewachsen, so dass man sich erst durcharbeiten muss. Das Ziel der Therapie ist, die Verknüpfungen im Gehirn so zu verändern, dass andere Verhaltensweisen zu Autobahnen werden, die langfristig gesünder für Körper und Seele sind.

Ein Beispiel: Es ist bei mir oft vorgekommen, dass ich aus einer Mischung aus Langeweile und innerer Leere anfange, mich vollzustopfen. Nun könnte ich mir ja angewöhnen, wenn dieses Gefühl aufkommt, alternative Handlungen dagegen zu setzen. Ich könnte Musik hören, mit einem Freund sprechen, Gitarre spielen oder etwas für den nächsten Tag kochen. Nach und nach gewöhnt sich mein Gehirn an die sinnvolleren Alternativen zum Umgang mit diesen Gefühlen und lernt, dass es mir mit diesen Handlungen langfristig besser geht. Und sie könnten als neue Gewohnheiten an die Stelle der Essanfälle treten.

Neben diesen Übungsaspekten kann in der Therapie natürlich auch über andere Probleme des Alltags und der Emotionen gesprochen werden und dazu Strategien entwickelt werden.

Meine Therapeutin vor zehn Jahren hat auch meine Partnerin ein oder zwei Mal zu einer Sitzung mit eingeladen. Das war ein echter „Eye opener", denn dort wurde klar, welche große Belastung die Essstörung auch für Angehörige darstellt. Es ging dabei viel um das Thema Verantwortung und meine Partnerin lernte, dass sie nicht die Verantwortung für meine Heilung übernehmen, sondern den Prozess nur liebevoll begleiten kann.

Was ist nun die Quintessenz aller dieser Therapieversuche?

Zum einen kommt es wirklich auf den:die richtige Therapeut:in mit dem richtigen Ansatz an. Zum anderen ist es beruhigend zu wissen, dass es Fachleute gibt, die das Problem kennen und auch andere Menschen mit dem Problem kennen. Man ist nicht allein.

Am Ende der Therapie 2011 wurde angeregt, dass eine Selbsthilfegruppe eine gute Weiterführung der Therapie sein könnte. Ich hatte nie den Mut, diesen Schritt zu gehen - obwohl ich schon ein bis zwei Mal Infos zu Selbsthilfegruppen in Münster gesammelt habe. Und trotzdem war dieser Gedanke in den zehn Jahren immer wieder da, und vielleicht kommt irgendwann wirklich der Zeitpunkt, wo ich mit meiner Essstörung nicht mehr im Verborgenen bleibe.[5]

Es gibt zwei zentrale Mechanismen bei der Binge-Eating-Störung: Da ist sehr starkes Schamgefühl, das dazu führt, dass man sich selbst sehr stark für die Essanfälle verurteilt. Dazu kommt die absolute Heimlichkeit. Es ist unvorstellbar, das Störungsbild und das dazugehörige Verhalten öffentlich zu machen. Mit diesem Buch habe ich somit ein Symptom der Störung ausgeschaltet, sie ist jetzt offen und nicht mehr vollends im Verborgenen.

Jede Therapie war ein Baustein auf diesem Weg. Was ich im Nachhinein anders machen würde ist, bei einem schlechten Bauchgefühl dem Therapeuten gegenüber die Therapie zu beenden, anstatt sie weiter bis zum Ende durchzuziehen. Kompromissloser sein, was die Qualität der Therapie angeht und stärker sagen, wo es aus meiner Sicht langgeht. Na, kommt euch das bekannt vor? Richtig, der kleine Junge konnte genau das nicht. Der erwachsene Mann aber ist dazu vollkommen in der Lage.

■■

Immer bestand auch bei mir die Gefahr, mich zurückzulehnen, mich durch Therapie „versorgen" zu lassen und wenig Veränderungen umzusetzen. Viel zu reden und wenig zu handeln. Des-

---

[5] Tatsächlich habe ich dann 2023 eine Selbsthilfegruppe gegründet. Es wird Zeit, das Buch zu drucken, sonst wird es dauernd von meinem Leben überholt.

halb gab es die Tendenz, Therapie in die Länge zu ziehen. Auch weil ich Angst hatte, mich von der Person zu verabschieden, die als Gesprächspartner zur Verfügung steht und mir so gut hilft.

Mehrfach in meinem Leben war eine große Sehnsucht da, eine stationäre Behandlung zu machen. Mich ganz zurückzulehnen, komplett aus dem Alltag auszusteigen. Stationäre Klinikaufenthalte haben viele Vorteile: Man kann sich vollkommen auf die Behandlung konzentrieren. Trigger sind weit weniger verfügbar. Es gibt eine Vollversorgung mit Mahlzeiten. Man muss sich um wenig kümmern. Allerdings sind sie nicht alltagstauglich, sondern man lebt in einer Blase, quasi in einem Schonprogramm, in dem man kaum ausprobieren kann, wie es im echten, harten Leben funktioniert. Trotzdem können je nach Situation stationäre Maßnahmen in einer Klinik für Essstörungen sehr hilfreich sein. Es lohnt sich, mit dem eigenen Arzt oder Therapeuten darüber zu sprechen.

Ich habe dieser Sehnsucht vor einiger Zeit nachgegeben und mich zum Aufenthalt in einer Tagesklinik entschieden. Schon das Drumherum war nicht einfach: Für mindestens zehn Wochen aus dem Arbeitsleben und aus vielen Familienpflichten aussteigen. Das ist eine ganz schön lange Zeit! Nach außen und mir selbst gegenüber anerkennen, dass das gerade sein muss. Für mich war die Tagesklinik der beste Kompromiss aus „raus aus dem Alltag" und trotzdem noch Kontakt zum Alltagsleben halten und nicht in einer stationären „Blase" und Vollversorgung zu verschwinden. Der Aufenthalt hat sehr viel gebracht, wenn es auch schwierig bleibt, die Dinge nachhaltig im Alltag umzusetzen.

Ich habe mithilfe der Tagesklinik eine sehr schwierige und auch stark depressive Phase im Winter 2021 überstanden. Nach der Entlassung im Januar 2022 war ich einige Zeit symptomfrei - das hat sich sehr toll angefühlt! Geholfen haben die strukturierten Mahlzeiten und das Eingebundensein in das Programm der Klinik. Ich musste alle Mahlzeiten notieren und sehr strukturiert essen, mit drei Haupt- und zwei Zwischenmahlzeiten am Tag. Ich habe noch mal viel über mich und die Hintergründe meiner Essanfälle gelernt. Ich habe den Wert von intensiven, ehrlichen Gesprächen unter Erwachsenen kennen gelernt und mich auch in Gruppentherapien sehr stark geöffnet - eine riesige Entlastung. Mit den anderen Dingen - Ersatzbefriedigungen zu finden für meine Sehnsucht nach den echten Gefühlen, nach der Löwengrube - bin ich noch immer schwer beschäftigt und werde ambulant unterstützt.

All the worst enemies are somehow always friends that used to be

Boysetsfire, My life in the knife trade (2000)

KAPITEL 10

AUSBLICK

Frieden mit mir selbst schließen

Gerade im Moment bin ich kurz davor, eine teilstationäre Behandlung meiner Essstörung zu beginnen. In den letzten Monaten haben sich die Symptome so stark verfestigt, dass es mir nicht mehr ausreichend scheint, mit ambulanter Therapie da heraus zu kommen. Insofern ist es schwierig, gerade jetzt das Kapitel zum „Frieden mit mir selbst" zu schreiben. Ist es zu früh für dieses Buch? Kann ich es erst abschließen, wenn ich diesen Klinikaufenthalt hinter mir habe?[6]

Ich glaube nein, denn das wäre ja wieder die Utopie einer vollständigen Heilung. Und die gibt es in der Form nicht, es wird immer nur ein „ Leben mit dem Problem" geben. Ausgerechnet Lady Gaga hat es im Film „The Me you Can't See" so treffend auf den Punkt gebracht: Du wanderst die ganze Zeit an einer Linie entlang, auf deren einer Seite „gesund" und auf der anderen Seite „krank" liegt. Der Weg von der einen zur anderen Seite ist nicht besonders weit, du bist ganz dicht an dieser Linie, und die Vorstellung einer vollständigen Heilung wie bei manchen körperlichen Krankheiten macht es eigentlich nur schlimmer, weil dadurch Frustration entsteht. Dieses Buch ist Teil meines Heilungsprozesses, ein Stück Verarbeitung, soll aber auch das Potential haben, andere zu unterstützen. Es gibt immer nur „ein Stück ge-

---

[6] Ich habe den Aufenthalt mittlerweile hinter mir und er war sehr erfolgreich. Ich habe mich entschieden, dieses Kapitel trotzdem so stehen zu lassen. Die Erfahrungen mit der Tagesklinik finden sich in Kapitel 9. Die Chronologie ist durch die längeren Phasen des Abwartens etwas durcheinandergeraten.

sünder", auch ein riesiges Stück gesünder, aber niemals für immer vollständig geheilt.

Ich kann heute nichts darüber sagen, wohin mein Klinikaufenthalt führen wird und was sich danach verändert. Ob ich in zehn Jahren, mit Mitte fünfzig, immer noch mit Essanfällen zu kämpfen habe oder einen Umgang damit gefunden habe, der mich gut damit leben lässt. Ob ich es schaffe, jemals wieder unter die hundert Kilo zu kommen. Ob ich insgesamt wieder ausgeglichener, entspannter und emotional intensiver leben kann.

Mir ist das Endergebnis heute nicht klar, dafür aber der Weg. Es geht darum, Frieden mit mir selbst zu schließen und in der Vorbereitung des Klinikaufenthaltes bin ich genau auf dem Weg dahin. Ich habe seit Anfang diesen Jahres unglaublich viel unternommen, um ganz anders mit meiner Essstörung umzugehen. Ich habe nach einer Rehamaßnahme in der Nachsorgegruppe zum ersten Mal vor mehreren Menschen offen über meine Essstörung geredet. Ich habe mich dort verletzlich gezeigt und die Fassade des erfolgreichen, rationalen Hochschuldozenten aufgegeben. Ich glaube letztendlich, dass ich trotz dieses Teils meines Selbst weiterhin als kompetenter, selbstbewusster und attraktiver Mann wahrgenommen werden kann[7]. Frieden mit mir selbst zu schließen bedeutet, den Teil des essgestörten Mannes mit dem Teil des erfolgreichen Hochschuldozenten und Vaters zu verbinden. Wieder mehr von den Dingen zu tun, die mir intensive Gefühle ermöglichen und mir Freude als Mensch und Mann bieten. Die das Essen ersetzen können.

Auch im privaten Bereich habe ich begonnen, mit mehreren Menschen offener und entspannt über meine Essstörung zu reden. Diese Gespräche haben sich zum Teil durch Zufall ergeben, sie waren allerdings unglaublich angenehm. Sie haben dem ganzen Thema eine Schwere genommen und haben mir gezeigt,

---

[7] Oder noch besser: Gerade wegen dieses verletzlichen, schwachen Teils?

wohin der Weg führt: zu einem ganzen Martin mit allen Anteilen in Frieden mit mir selbst.

Jede kleine Nuance meiner Gefühle und Empfindungen, „Empfindlichkeiten" und Verarbeitungsstrategien, die ganze Bandbreite des kompetenten, liebevollen, leistungsfähigen, gestörten, maßlosen und schwierigen Ichs gehört dazu. Nur alle Teile zusammen machen mich vollständig und lassen mich, Stück für Stück, mit mir selbst Frieden schließen.

Somewhere down the way, there's a hidden place
that anyone, that all of us could find
But all our maps have failed, so venture through the
veil
and realize these roads are intertwined
I will meet you there, beyond the pines

Thrice, Beyond the pines (2021)

EPILOG

The never ending summer

Wir beschweren uns über das Wetter, die Hitze ist fast unerträglich, aber ich genieße es. Vor zwei Jahren gab es einen gefühlt endlosen Lockdown-Winter, der sich zog wie Kaugummi. Der bei mir von Essanfällen, Trübsal und Hoffnungslosigkeit geprägt war und niemals zu enden schien. Das Leben war runtergefahren, und ich selbst war es auch.

Nun ist es heiß in Deutschland. Fast drei Monate in kurzer Kleidung und ein wahnsinnig toller Urlaub liegen hinter mir, und ich spüre Stärke und Hoffnung. Natürlich ist das Wetter eher die Begleiterscheinung als der Auslöser, aber es passt zu diesem Sommer, nach vorne zu schauen, dieses Buchprojekt zu beenden und einen Schritt in die Offenheit zu gehen.

Hitze spüre ich auch von innen, denn wie eine Kunsttherapeutin mir einmal gesagt hat, sieht sie in meinen Augen ein Feuer leuchten und tatsächlich spüre ich dieses Feuer auch. So viel vom Leben zu verlangen und alle Erfahrungen und Intensitäten mitnehmen zu wollen heißt, für diese Welt eine Leidenschaft zu spüren. Diese wird nur immer wieder durch Schamhaftigkeit gedeckelt. Aber eigentlich ist die schlimmste Vorstellung für mich, ein lauwarmes, fades Leben zu leben. Es ist meine Lebensaufgabe, das zu verhindern.

I´m never gonna be that guy, I´m never gonna be just fine
But there are times I need you to remind me
I´m never gonna be that guy, I´m never gonna be just fine
I never wanna say my best days are behind me
I never wanna be lukewarm again

New End Original, Lukewarm (2001)

FRAGMENTE

Ich möchte gerne das „Leben mit Essstörung" ergänzend in einigen Fragmenten darstellen, die sich nicht wirklich in den Kapiteln unterbringen ließen. Sie stehen für einzelne Schlagworte der Essstörung.

Über Scham

Sich wahnsinnig stark zu schämen, ist ein Grundgefühl meiner Kindheit und auch zentrales Symptom der Essstörung. Es bezieht sich auf Dinge, von denen ich denke, sie nicht zu „dürfen" - dazu gehört zum Beispiel guter Sex. Als wäre mir das nicht erlaubt und es wäre peinlich. Bezogen auf die praktischen Aspekte, mir Essen zu besorgen, bin ich auch regelmäßig mit Scham konfrontiert. Müll verstecken, Zeitfenster nutzen, an denen es nicht auffällt, aber auch der Kontakt zu Verkäufer:innen: Könnte jemand das komisch finden, dass ich nur große Mengen Süßigkeiten kaufe?

Einige Zeit war ich regelmäßig abends nach 22 Uhr beim Supermarkt um die Ecke. Mir fiel dabei schon auf, dass die Nachtschicht oft von den gleichen Kassiererinnen abgedeckt wurde. Merkt jemand, dass ich fast jeden Abend da bin? Bei Burger King fühlte ich mich, wenn mehrere Tage in Folge die gleichen Mitarbeiter:innen da waren, schon mal so stark ertappt, dass ich wieder gefahren bin. Und bei Domino´s Pizza wurde ich vom Ladeninhaber freundlich begrüßt und gefragt, wie es mir geht. Das ist das Letzte, was man bei Essanfällen möchte: Dass es jemand mitbekommt. Als ich mal ein paar Monate ausgesetzt hatte, wurde ich von ihm tatsächlich gefragt, ob ich immer noch die gleiche Pizza nehme.

Auch Kommentare an der Tankstelle: „Na, noch spät Lust auf Süßigkeiten?" oder sehr beliebt: „Nervennahrung?" lösten starke Scham aus. Eine Erleichterung beim Fastfood waren Bestellautomaten oder Online-Bestellportale, wo man nicht jemandem mündlich aufzählen muss, was man alles vorhat zu essen. Je unpersönlicher, desto angenehmer.

Auch Ausreden spielten eine Rolle. Manchmal war der Druck zu essen so groß, dass ich nicht mehr warten konnte, bis ich alleine war. Einkaufen oder Dinge erledigen ging dann gut, lange Zeit auch heimlich nachts wegfahren. Umgekehrt kamen manchmal die Essattacken nur deshalb, weil ich ungestört war und dieses Zeitfenster unbedingt für mich nutzen wollte. Ich verlernte sowohl, mich zu langweilen als auch zu genießen. Mir fiel dann nichts Besseres ein als Fastfood und Co., meine sehr kurze Form von Genuss, die in Völlegefühl und Dumpfheit endete.

Über Männer

Lange Zeit habe ich es bevorzugt, mit Frauen abzuhängen. Unter Männern hatte ich sowohl als Schüler als auch als Student das Gefühl von zu viel Dumpfheit und zu wenig Tiefgang. Es hat länger gedauert, bis ich auch intensive Männergespräche und gefühlsintensive Männer erleben konnte. Verbunden mit Männercliquen war für mich auch ganz oft ungesundes Essen (manchmal auch in Verbindung mit Cannabis) und daher noch mehr Unverständnis für mein Problem einer Essstörung. Männer tun das halt so, sie essen Fastfood und schieben sich eine Fertigpizza rein. Mir war das immer leicht unangenehm. Mein Selbstbild als Mann in der Balance zwischen „hart und sanft" oder „stumpf und differenziert" zu finden, war und ist harte Arbeit.

Über Geld

Irgendwann habe ich mal mit einem Therapeuten überschlagen, dass in Hochphasen der Essanfälle pro Monat 300 bis 400 Euro dafür draufgehen können. Ich war lange Zeit ständig im Dispo auf dem Girokonto. Dieses Wissen verhindert aber in keiner Weise den Essanfall. Wenn der Druck groß ist, spielt das Geld keine Rolle, und jeder Vorsatz zu sparen wird verworfen. Das Bedauern kommt erst hinterher. Im Laufe meines Lebens mit der Essstörung kommen so mehrere 10.000 Euro zusammen, die weg sind, aufgefuttert, ausgeschieden und in Fettpolster angelegt.

Über Zeiten

Bernhard Wappis schreibt in seinem Buch „Darüber spricht man(n) nicht…!", dass er zwischen dem Alter von 20 und 24 Jahren zwischen Magersucht und Bulimie hin- und hergependelt ist. Ich hatte den Satz erst falsch verstanden und die Zahlen für Uhrzeiten gehalten. Bei mir waren die Essanfälle lange Zeit eine Sache des Abends. Ich könnte daher sagen, dass ich vor allem zwischen 20 und 24 Uhr mit Essanfällen beschäftigt war. Tagsüber war der Drang eher gering. Erst wenn die Aufgaben des Tages für Beruf oder Familie geschafft waren, ging es los. So sorgte ich dafür, dass ich mich kaum wirklich entspannen konnte und dass der Rest meines Alltags tagsüber trotzdem einigermaßen funktionierte.

Über Verbote

Eine Erinnerung kam mir gestern an die Zeit, *bevor* es losging. Ich muss etwa achtzehn oder neunzehn Jahre alt gewesen sein und noch zu Hause gewohnt haben. Eine Zeit, in der ich erstmals schlank war und erste Erfahrungen mit Frauen machte. Mein Selbstbild war: Spätzünder!, ich genoss es aber auch und gleichzeitig überhöhte ich Liebe und Sex. In dieser Zeit setzte ich mir strenge Ernährungsziele. Meine beiden Schwestern bringen das in Zusammenhang mit meiner damaligen Freundin, eine etwas verstrahlte, alternative Musikerin. Es kam aber letztendlich von mir selbst. Ich werde gerne heute noch mit dieser angeblichen „Ökophase" aufgezogen, weil ich jeden Bissen so oft kaute, dass andere Menschen sich darüber lustig machten. Gleichzeitig verzichtete ich aber etwa ein Jahr lang komplett auf bestimmte Lebensmittel wie Pommes oder Schokolade. Das war, von heute aus betrachtet, der erste Schritt in Richtung Essstörung. Besser als verbotene Lebensmittel ist, sich die ganze Vielfalt des Essens zu erlauben. Strenge Verbote schreien danach, sie zu brechen.

Resets

Im Leben mit dieser Störung gab es Phasen, wo der Drang zu Essanfällen *täglich* da war. Das ist sehr belastend und lebensbestimmend und es ist sehr anstrengend, das auch noch permanent zu verheimlichen. Ich steckte dann so tief drin, dass es kaum möglich schien, die Sucht zu unterbrechen. Ein „Reset", also irgendeine Form von Auszeit, konnte dann dazu führen, dass der Drang zurückging: eine Urlaubsreise mit weniger Gelegenheiten für Fast Food zum Beispiel. Wie ein kleiner Entzug von der Möglichkeit der Völlerei. In einigen Phasen mit der Störung wünschte ich mir auch stark eine solchen Reset in Form eines stationären Klinikaufenthaltes.

Über Musik

Ich war lange Zeit meines Lebens auf der Suche nach Dingen, die mich berühren und mir intensives Erleben möglich machen, und diese Suche war oft auch von Zweifeln, Wechseln und Abbrüchen geprägt. Hobbys, Themen, Tätigkeiten oder auch Menschen, die mich eine Zeit lang begeisterten, verblassten irgendwann und so fühlte es sich wie eine nie endende Suche an. Was gefällt mir? Was gibt mir Kraft und Energie? Wer will ich sein? Musik ist über all diese Zeit geblieben und hat sich gefestigt. Es ist kein Wunder, dass es vor allem nachdenkliche, auch mal düstere oder härtere Musik ist, die mich berührt. Als „Emocore" in meinen Kreisen populär wurde, passte das exakt zu meinem Lebensgefühl und holte mich vollkommen da ab, wo ich stand. Die Textfragmente im Buch sollen ein Stück dieser Verbundenheit zu nachdenklicher Rockmusik transportieren, die mir zum Teil tief aus der Seele spricht.

Erklärungen und Nachfragen

Obwohl ich gelernt habe, sehr viel offener mit meinen Essanfällen umzugehen, merke ich immer wieder, wie fremd das für die meisten Mitmenschen bleibt. Wenn sie mutig und entspannt sind, fragen sie nach. Oft aber fangen sie an zu schwimmen. Darf man das Thema Essen noch erwähnen? Ist es ein Problem, mit mir ins Restaurant zu gehen? Leichte Ungläubigkeit begegnet mit auch oft: Kann doch nicht sein, dass Martin so was hat. Essstörungen verbindet man mit abgemagerten Teenagern. Oder die verharmlosende Idee, das jeder doch ein bisschen was von einer Essstörung hat: „Also ich futtere auch manchmal abends eine Tafel Schokolade…" Nein - dazu müssen schon bestimmte klinische Diagnosekriterien erfüllt sein! Ja, es gibt auch Frustessen und sich mit Essen trösten, vielleicht sind das auch Vorstufen zur Essstörung, aber eine diagnostizierte Binge-Eating-Störung hat eine andere Qualität. Jede Woche über drei Monate mehrere Essanfälle mit hohen Kalorienmengen und Kontrollverlust! Vielleicht schaffe ich es irgendwann, eine Normalität bis Banalität zu dieser Störung nach außen zu entwickeln. Sie bestimmt nicht mein ganzes Leben - sie ist zwar fies und hartnäckig, aber eben auch nur ein Teil von mir.

Über Tricks

Was ich durch meine Essstörung gelernt habe: Im Auto während der Fahrt Eisbecher zu vertilgen; auf dem Fahrrad während der Fahrt Pizza aus dem Karton zu Essen; unter Vorwänden Essen holen fahren; Müll verstecken; Zeiten einschätzen; Lügen ohne Gewissensbisse zu haben; so zu tun, als ginge es mir gut.

Prominente

In letzter Zeit habe ich mich mit einigen bekannten Menschen beschäftigt, die in Öffentlichkeit und Medien ihre psychischen Probleme offen angesprochen haben. Das hat mich teilweise beeindruckt. Monchi von Feine Sahne Fischfilet schreibt ausführlich über Essanfälle, obwohl er es weder Binge Eating nennt noch mit professioneller Therapie bearbeitet, sondern in Selbsttherapie. Eine Essstörung ist es aber anhand der Beschreibungen auf jeden Fall. Kurt Krömer hat offen über seine Depressionen erzählt und geschrieben, Nora Tschirner ebenfalls. Der Sportredakteur Eckhard Klein von Spiegel online hat offen von seiner Anorexie berichtet und in einem Buch Erfahrungsberichte gesammelt. Ich freue mich darüber, wenn all das zur Öffnung der Gesellschaft beiträgt.

Drama, Baby!

Wie oft ist es mir passiert, dass ich mich komplett in unwichtige Aufregerthemen reingesteigert habe! Anstatt intensive Gefühle zu genießen, muss ich mein mir fad erscheinendes Leben immer wieder mit Alltagsdramen anreichern, die die Sache selten wert sind. Mein Umfeld findet das anstrengend und tatsächlich fällt mir über die Jahre auf, dass ich zum Dramatisieren neige. Es gibt Streit = die Beziehung ist kaputt; wir haben vergessen, was einzukaufen = der Alltag geht komplett den Bach runter; ich muss zu Hause bleiben, weil ein Kind krank ist = ich werde für immer an das Haus gefesselt. Am nächsten Morgen sieht die Welt meistens sehr viel besser und entspannter aus, alles nicht so schlimm. Wenn ich nur abends schon merken würde, dass sich das Aufregen nicht lohnt, wäre viel geholfen. Vielleicht sind das auch die Katastrophengedanken, die als Symptom der Depression bekannt sind.

Die große Leere

Synonyme, die ich in der letzten Zeit für den Zustand der fehlenden intensiven Gefühle entdeckt habe. Es scheint also noch mehr Menschen zu geben, die diesen Zustand kennen:

„die große Flachheit" (Safran Foer)

„Nebensächlichkeitsmüll" (Olli Schulz im Tatortreiniger)

„Sterben auf Zeit" (Kind kaputt)

„Ist das hier was man Leben nennt? Oder nur die Gegend die man kennt?" (Muff Potter)

Bestimmt gibt es noch mehr.

LITERATUR UND TONTRÄGER

Monchi (2022). *Niemals satt*. Köln: Kiepenheuer und Witsch

Munsch, Simone (2003). *Binge Eating. Kognitive Verhaltenstherapie bei Essanfällen*. Weinheim/Basel/Berlin: Beltz

Safran Foer, Jonathan (2016). *Hier bin ich*. Köln: Kiepenheuer und Witsch

Wappis, Bernhard (2005). *Darüber spricht man(n) nicht…! Magersucht und Bulimie bei Männern*. Norderstedt: Books on demand

■■

AFI (2006). *Decemberunderground*. Interscope Records

Boysetsfire (2000). *After the Eulogy*. Victory Records

Coheed and Cambria (2005). *Good Apollo, I'm burning star IV, Vol. I: From fear through the eyes of madness*. Columbia Records

Coheed and Cambria (2022). *Vaxis II: A window of the waking mind*. Roadrunner records

Converge & Chelsea Wolfe (2021). *Bloodmoon: I*. Epitaph Records

Jimmy Eat World (2004). *Futures*. Interscope Records

Johnny Cash (2000). *American III: Solitary Man*. American Recordings

New End Original (2001). *Thriller*. Epitaph Records.

The Ocean (2020): *Phanerozoic II: Mesozoic/Cenozoic*. Metal Blade Records.

Thrice (2018). *Palms*. Epitaph Records

Thrice (2021). *Horizons/East*. Epitaph Records

Tocotronic (2018). *Die Unendlichkeit*. Vertigo Records

The Weakerthans (2000). *Left and leaving*. Epitaph Records

Die Songs als Playlist bei YouTube:

https://youtube.com/playlist?list=PLwxI1z6-wtWllgXdAR-Rj9naqvr5zurkG&feature=shared